걸어서 만나는 임진강

일러두기
이 책에 삽입된 임진강 지도는 본문의 이해를 돕기 위해 만든 참고용 이미지입니다. 최대한 사실과 가깝게 구현하였으나 지형, 도로, 장소에 대한 판단은 실제 지도를 기준으로 해 주시기 바랍니다.

사진 제공
국립중앙박물관 : 19쪽 미수 허목 초상, 22쪽 한임강명승도, 30쪽 전곡리 주먹도끼

서울대학교규장각 : 79쪽 경강부임진도

연천군 : 57쪽 1930년대의 고랑포

연합뉴스 : 88쪽 군사분계선 푯말을 바로 세우는 국군

이재석 : 9쪽 태풍전망대에서 본 북한의 임진강, 10쪽 태풍전망대, 19쪽 징파나루와 군남댐·허목 묘·은거당 옛터, 36쪽 마전리, 44쪽 잠두봉·숭의전·배신청·어수정, 49쪽 북한군 중국군 묘지, 51쪽 설마리전투비·영국군 설마리전투 추모공원, 55쪽 삼팔선 비석, 79쪽 화석정·임진나루, 85쪽 해마루촌, 86쪽 통일촌 마을·통일촌 마을박물관과 부녀회 식당·통일촌에서 바라본 남북한 국기대, 87쪽 대성동 마을, 90쪽 군내초등학교 운동회, 94쪽 임진각, 97쪽 임진각에서 바라본 임진강·장단역 증기기관차·망배단, 99쪽 「휴전선」 시비, 104쪽 장단반도 독수리·민통선 재두루미, 110쪽 북한 림한리, 113쪽 김낙중 선생

파주시 : 51쪽 영국 글로스터 대대 부대원

걸어서 만나는 임진강

글 이재석 · 그림 문종훈

사계절

글쓴이의 말

우리는 임진강 첫 번째 여행자가 될 거야

여기는 민통선이야. 민통선은 휴전선 가까운 곳에 있는 군사 지역을 말해. 군사 지역이기 때문에 민간인의 출입을 통제하고 있어. 어떠니? 특별한 곳 같지? 아저씨는 통제구역 민통선마을에 살면서 농사를 짓고 있어.

처음 이곳으로 이사 오던 날이 생각나. 하룻밤을 자고 첫 아침을 맞이한 때였어. 일어나 창문을 열었더니, 앗! 강물이 보이는 거야. 눈앞에 임진강이 흐르고 있었어. 남북을 흐르는 강, 분단의 강, 철조망으로 막혀 있어서 그저 멀게만 느껴지던 임진강이 집 앞을 흐르고 있는 거야. 임진강을 창밖으로 볼 수 있는 사람이 몇 명이나 될까? 그때 생각했어. 음악가라면 노래를 만들고, 화가라면 그림을 그려야 하고, 또 작가라면 글을 지어야 한다고. 이런 행운은 아무나 누릴 수 있는 게 아니니까.

아저씨는 농사꾼이니까 생각만 그렇게 했을 뿐 당장 무슨 작품을 만들지는 못했어. 대신에 틈이 나면 임진강 여기저기를 여행했어. 민통선에 살았기 때문에 남들이 갈 수 없는 곳에도 갈 수 있었거든.

여럿이 'DMZ생태평화학교'라는 모임을 꾸려 강을 답사하기도 했어. 임진강 곳곳을 찾아 평화와 역사와 자연을 공부하는, 말하자면 현장 학습을 하는 곳이야. 친구들 또래 학생들과 함께 걸어 보기도 했지.

아저씨는 임진강 여행을 하면서 강이 흘러가는 곳마다 참 많은 이야기가 담겨 있는 걸 알게 됐어. 생각해 봐. 임진강은 저 먼 북쪽의 강이 아니라, 한반도 한가운데를 흐르는 강이야. 이 강을 건너다니지 않고서는 나라가 유지될 수 없었어. 수천 년 동안 남북을 오가는 많은 사람들이 임진강을 건넜어. 그러니 이야기도 많을 수밖에 없지.

물론 지금은 갈 수 없는 임진강이 더 많아. 272킬로미터에 이르는 긴 강이지만 3분의 2는 북쪽을 흘러. 나머지도 철조망으로 막혀 있는 곳에서는 발길을 돌려야 해. 그런데 말이야, 그렇기 때문에 임진강은 꼭 한 번 가 봐야 하는 곳이 됐어. 어느 강인들 아름답지 않겠니. 하지만 아름다운 자연에 더해 우리 민족의 앞날까지 짊어진 강은 임진강뿐이야. 반쪽이 된 임진강이 오늘 우리 모습인 거야. 우리 모습을 확인하기 위해서라도 한 번은 가 봐야 하지 않을까?

지난 70년 동안 이 강을 처음부터 끝까지 여행한 사람은 없어. 북쪽 사람은 북쪽의 강을, 남쪽 사람은 남쪽의 강을 찾을 뿐이야. 북한 두류산의 샘에서 한강과 만나는 교하까지 임진강 한 줄기를 또박또박 걸을 수 있다면 그게 바로 평화일 거야. 그러기 전에 먼저 남쪽 임진강을 찾아가 보자. 그러면 임진강에는 평화의 발자국이 새겨질 테고, 우린 평화를 여는 사람이 될 거야. 그러다 철조망이 열리는 날 누구보다 먼저 달려가 북쪽의 임진강을 걸으면 좋겠지. 그렇게 우리는 임진강 첫 번째 여행자가 될 거야. 여기 임진강이 있어.

2016년 6월
해마루촌에 사는 농사꾼 이재석

차례

글쓴이의 말

분단의 강 임진강 태풍전망대 —— 8

대화자 허목의 뱃놀이 징파나루 —— 16

용암이 흘러온 강 동이리 주상 절리 —— 24

암행어사 정약용이 활약한
임진강의 여러 고을 적성·마전·연천·삭녕 —— 32

고려 종묘 숭의전 —— 40

두 번의 세계 전쟁 철종성과 캐슬 고지 —— 48

임진강 최대의 항구 도시 고랑포 —— 56

오늘의 역사가 새겨진 마을 장마루 —— 64

임진강 이웃 마을에 선
조선의 큰 화자들 화석정과 임진나루 —— 72

민통선 마을 해마루촌·통일촌·대성동 마을 —— 82

남북으로 이어지는 길 임진각 —— 92

생명의 강 임진강 반구정과 장단벌 —— 100

강물처럼 어울리는
남과 북 오두산통일전망대 —— 108

분단의 강 임진강

태풍전망대

안녕, 친구들! 임진강을 함께 여행하게 돼서 정말 기뻐.

오늘이 임진강을 처음으로 여행하는 날이네. 처음이니까 강이 시작되는 곳으로 가야겠지? 태풍전망대라는 곳에 가면 임진강이 흘러내리는 첫 모습을 볼 수 있어. 강은 골짜기의 샘에서 나와 바다로 가잖아? 그렇지만 우리가 찾아가는 곳은 작은 샘물이 아니야. 멀리 호수가 보이고 길게 강물이 이어지는 곳이지.

임진강이 시작되는 샘물은 두류산이라는 곳에서 흘러나와. 처음 들어 볼 거야. 북한에 있는 산이거든. 그러니까 태풍전망대에서 보는 임진강은 벌써 북한의 여러 마을을 굽이굽이 흘러온 강인 거지.

우리의 첫 여행지가 왜 여기일까? 그래, 우리나라가 남한과 북한으로 갈라져 있기 때문이야. 외국은 여행할 수 있지만 북한 땅에는 한 걸음도 들어설 수 없잖아. 벌써 70년째 남북은 서로 적이 되어 싸우고 있어. 한 줄기 임진강도 남북으로 나뉜 탓에 우리는 이렇게 남쪽의 강만 볼 수 있어. 총길이 272킬로미터 길이의 임진강 중에서 180킬로미터를 흘러온 지점에서 우리는 처음으로 임진강을 보는 셈이야.

태풍전망대는 군인들의 관측소야. 휴전선과 비무장 지대 주변을 감시하는 곳이지. 여기는 민간인 통제 구역이기 때문에, 태풍전망대에 가려면 검문소에 신분증을 맡기고 군인들의 통제를 따라야 한단다. 휴전선까지 거리가 800미터밖에 안 되는 태풍전망대는 북한과 가장 가까운 전망대라고 해. 철조망 바깥을 향해서는 사진도 찍어선 안 돼.

태풍전망대에서 바라본 북한의 임진강

태풍전망대

　무심코 북쪽으로 카메라를 들이대면 당장 군인들이 쫓아올거야. 그러니 정신 바짝 차려야 해.

　그래도 눈으로는 마음대로 바라볼 수 있으니 풍경을 감상해 볼까? 산이 많지? 온통 산뿐이네. 그 사이로 임진강이 흘러내리지. 산꼭대기마다 네모난 건물이 있고 깃발이 꽂힌 모습이 보이니? 최전방 감시 초소인데, 비무장 지대 안에서 작전을 펼치는 군사 시설이란다.

　쉿! 조용히 해 봐. 혹시 무슨 소리가 들리니? 바람 소리? 새소리? 이곳은 군인들 말고는 아무도 살지 않는 그야말로 적막강산이야. 멀리 북한 마을이 있기는 해. 운이 좋으면 북한 사람을 볼 수 있지. 하지

만 너무 멀어서 맨눈으로는 안 보이고 망원경으로 봐야 해.

 이처럼 휴전선에는 아무도 자유롭게 다가설 수 없지만, 사람들의 삶은 임진강이 흘러내리듯 줄기차게 이어졌지. 옛이야기 하나 해 줄 테니 한번 들어 볼래?

 전쟁의 총소리가 끊이지 않던 어느 날, 임진강 북쪽 임강마을에 사는 한 남자가 아이를 둘러업고 강을 건너왔어. 아이는 할딱할딱 숨을 몰아쉬고 있었지. 갑자기 병이 난 거야. 그래서 강 건너 삼거리마을에 용하다고 소문난 의사를 찾아온 건데, 아이는 병이 얼른 낫지를 않았

어. 남자는 아이를 병원에 두고 혼자서 집으로 갔어. 이제나저제나 아들이 오기만 기다리고 있을 아내에게 소식을 전해야 했으니까.

"우리 만복이를 꼭 고쳐서 데려올 테니 걱정 말고 기다려요."

남자는 아내를 안심시키고 다시 강을 건넜어. 그런데 그만 전쟁이 끝나면서 임진강이 휴전선이 되었어. 그 바람에 임강마을과 삼거리마을은 남북으로 나뉘었어. 다정하던 이웃 마을이 다시는 서로 오갈 수 없는, 세상에서 가장 먼 마을이 된 거야.

『림진강』이라는 북한 소설에 나오는 이야기야. 이산가족이라는 말 들어 봤지? 남북한이 갈라지는 통에 헤어져서 몇십 년이 지나도록 서로 만나지 못하는 가족 말이야. 임진강 근처에는 강 건너 북쪽에 고향을 두고 돌아가지 못하는 분들이 많이 살아. 언제든 통일이 되면 돌아가기 위해 고향 가까운 임진강에서 떠나지 않고 살아가는 분들이지. 그중에는 일곱 번을 피란한 분이 있어. 부모님 손을 놓쳐서 영영 이별한 분도 있지. 결혼식을 치른 바로 그날 전쟁이 터져 아내와 헤어진 분도 있어. 급히 친정에 다녀오겠다며 떠난 아내를 지금껏 만나지 못한 거야. 그나마 죽지 않은 것을 다행이라 여기고 살아온 분들이야. 하지만 시간이 흐를수록 생이별이 더 고통스럽다고 하지 않니. 『림진강』은 그런 사람들 사연을 다룬 소설이야.

생각해 보면 남북으로 갈라져 살아온 기간은 우리 역사 5천 년에 견주면 잠깐에 불과한 시간일지도 몰라. 더 오랜 세월 동안 우리는 이 강을 오가며 살았으니까.

태풍전망대 북쪽으로 삼각형 모양의 호수가 보이니? 지금은 북한 땅인 저곳에 우화정이라는 정자가 있었대. 거기서 배를 타고 우리 눈앞의 강을 지나 남쪽 징파나루라는 곳까지 여행한 이야기가 전해 내려와. 그때 뱃놀이 장면을 노래한, 정두경이라는 분의 시도 있어.

> 우화정 위에 올라 떠나가는 님 보낼 제
> 골짝 사이 흐르는 물, 앞 여울로 내려가네.
> 외로운 배 타고 징파나루로 흘러가서
> 한밤중에 청산 보니 비친 달빛 차갑구나.

우화정에 올라 떠나는 님 보내고 한밤중에 배를 타고 외로이 징파나루로 내려간다는 내용이야. 이별의 슬픔이 느껴지는 이 시는 임강마을 어머니와 삼거리마을 아버지의 심정을 예언한 것 같기도 해. 시에 나오는 장소가 바로 소설의 배경이 되는 곳이거든. 우화정은 북한의 임강마을과 강을 사이에 두고 마주 보는 곳이야. 그리고 징파나루에 배를 대면 그곳이 삼거리마을이지.

누구는 이별의 슬픔에 젖어 배를 타고, 누구는 아픈 아이를 안고 이 강을 오갔어. 그런데 이게 전부일까?

임진강은 우리나라 한가운데를 흐르는 강이야. 그러니 얼마나 많은 사람이 오가고 얼마나 많은 이야기가 깃들어 있을지 상상해 봐. 그렇게 휴전선에 가로막혀 잊힌 이야기, 묻혀 있는 이야기들을 하나하나 살펴보기로 하자. 우리는 모두 임진강 첫 번째 여행자가 될 거야.

대학자 허목의 뱃놀이

징파나루

오늘은 조선 시대의 큰 학자 미수 허목 할아버지를 만나러 가 보자. 임진강 두 번째 여행이야. 휴전선을 넘어온 임진강은 곳곳에서 암초에 부딪치며 빙애여울로 흘러내려. 그리고 군남댐을 넘어 닿는 곳이 징파나루인데, '맑은 파도가 치는 나루'라는 뜻이야.

허목 선생이 누구냐고? 퇴계 이황 선생은 알지? 퇴계의 학문은 경상도 지역에서 뿌리내리는데, 이를 서울 경기 지역으로 퍼뜨린 분이 허목 선생이야. 허목에게 배운 분이 실학자 이익이고, 이익을 따라 배운 분이 유명한 다산 정약용이야. 아래위 여러 분을 따져 보니 대단하지? 그렇지만 우리가 알려는 것은 허목 선생의 학문이 아니니까 걱정하지는 마. 그냥 임진강에서 어떻게 놀았는지 살펴보려고 해. 먼저 그분이 살았던 집터와 묘지를 찾아볼까? 징파나루에서 멀지 않아.

허목 선생이 살던 곳은 지금의 경기도 연천군 강서리야. 민간인의

통행을 금지하는 군사 지역이라 군인들의 안내를 받아야 다녀올 수 있어. 선생의 묘는 아버지, 할아버지가 다 모여 있는 가족묘야. 묘비에는 눈썹이 눈을 덮을 만큼 길어서 호를 '미수'라고 지었다는 내용이 쓰여 있어. 묘지에서 내려다보면 논밭이 길게 이어지고, 그 한쪽 가장자리에 은거당이라는 선생의 집터가 있어. 집은 사라지고 표석만 서 있지. 은거당은 왕이 지어 준 집이라고 해. 왕이 신하에게 집을 지어 준 것은 조선 시대를 통틀어 딱 세 번인데, 허목 선생 말고는 황희 정승과 오리 이원익 두 분밖에 없다는구나.

1. 징파나루와 군남댐
2. 허목 묘
3. 은거당 옛 터
4. 미수 허목의 초상

이제 임진강으로 가 보자. 허목 선생을 따라 임진강 뱃놀이를 즐겨 볼 거야. 돌아가신 분을 어떻게 따라 하냐고? 불가능할 것도 없지. 선생이 기행문을 많이 남겨 두었거든.

가을에 송장로와 윤희중이 나를 찾아왔다. 함께 강가에 이르러 웅연의 신비스러운 석문을 보았다. 그런 다음 배를 띄우고 횡산으로 올라가 장경대에서 놀았다.

1667년, 허목 선생이 73세 때 남긴 글이야. 글에 따르면 선생 일행은 징파나루 위쪽 웅연에서 배를 띄우고 여행을 시작해. 강 주변은 온통 무성한 숲이고 바위 벼랑이 이어져. 강물은 푸르고, 산은 깊어지고, 물새들은 날아와 기웃거렸다지. 모두 즐거워 노를 두드리고, 노래하고, 술잔을 들어 권했다는구나.

횡산은 강가에 있는 아름다운 마을이야. 우리가 다녀온 태풍전망대가 바로 횡산 꼭대기 수리봉에 있어. 그리고 도착한 곳이 장경대야. 높은 석벽이 몇백 미터 이어지는 곳인데 지금은 비무장 지대여서 갈 수가 없어. 옛사람들이 놀던 비밀스러운 경치가 비무장 지대에 숨어 있는 거지. 장경대 절벽 위에는 절이 있었는데, 강물이 어찌나 맑았는지 절 마당 중들의 모습이 비쳐 보였대. 이들은 풍경에 흠뻑 빠져 시도 짓고 떠들썩하게 이야기하며 놀았지.

 그러는 사이 날이 어둑어둑해졌어. 강가 모래는 희고 강물은 아득했어. 안개 자욱한 포구에서는 어부들 노랫소리가 들려왔지. 집으로 돌아갈 때는 아마 걸어갔을 거야. 강이 굽이굽이 흘러서 그렇지, 배가 닿은 장경대는 허목 선생의 집에서 멀지 않거든.

 임진강 뱃놀이는 허목 선생이 죽은 뒤에도 꾸준히 이어져. 당연한 일이잖아. 강이 있으니까 배도 뜨는 거지. 특별한 게 있다면 허목 선생을 따라 하는 뱃놀이가 생겼다는 점이야. 화가 정선의 그림으로 남은 『연강임술첩』 뱃놀이도 선생을 따라 한 거야.

 한가한 양반들 이야기일 뿐이라고? 옛사람들이 한가하기만 해서

한임강명승도
우화정과 임진강의
옛 풍경이 잘 나타나 있다.

이렇게 놀았던 것은 아니야. 그들도 의로운 일에는 목숨을 걸고 뛰어들었어. 정치에 나아가서는 목숨을 걸고 싸우다가, 물러나서는 한가한 시골 생활을 즐긴 거지.

우리 여행도 이랬으면 좋겠어. 분단의 강에서는 평화를 향한 간절한 바람을 외쳐야겠지. 그렇지만 돌아서서 아름다운 강을 볼 때는 풍경 속에 빠져 보는 거야. 그리고 휴전선 철망이 걷히는 날에는 임진강에서 뱃놀이를 하면 좋겠어. 웅연에서 배를 타고 우화정에 가는 거야. 또 한 번 몇백 년만의 멋진 축제가 되겠지. 이 강에서는 무엇을 하든 특별해지니까.

용암이 흘러온 강
동이리 주상 절리

오늘은 사람이 살지 않던 아주 오래전 옛날로 떠나 볼까 해. 지각 운동이 일어나서 화산이 터지고 용암이 분출하던 때 말이야. 임진강에 오면 다른 강에서는 볼 수 없는 독특한 풍경을 만날 수 있어. 잘 모르겠지? 머리 아프게 생각하지는 마. 바로 만나게 될 테니까.

징파나루에서 강을 따라 내려가면 강변에 뭐가 보일 거야. 우아, 높은 절벽! 높이가 수십 미터는 될 텐데, 저런 절벽이 2킬로미터 가까

이 이어져. 절벽을 볼 수 있는 곳이 동이리 마을이어서 '동이리 주상 절리'라고 해.

　주상 절리는 돌이 세로 기둥 모양으로 갈라진 것을 가리켜. 땅 위로 분출한 용암이 식으면서 생기는 현상이야. 바위 절벽에 길게 늘어선 세로줄 무늬가 보일 거야. 돌기둥이 빽빽하게 붙어서 병풍을 쳐 놓은 듯 강물을 따라 이어져 있어. 다른 강에서는 볼 수 없는 풍경이야. 이런 풍경을 만든 주상 절리에 대해 공부 좀 해 볼까?

 용암 하면 생각나는 암석이 있을 거야. 그래, 현무암이야. 동이리 주상 절리를 이루는 암석이 바로 현무암이지. 강가에 내려가 현무암을 한번 찾아볼까? 색깔은 검고 구멍이 뽕뽕 뚫린 돌을 찾으면 돼. 여기저기 참 많지? 용암이 강물처럼 흘렀으니 많은 게 당연해.

 용암이 흘렀다면 화산이 터졌다는 소리야. 화산이 터진 분화구는 어디일까? 북한 평강의 오리산이라고 해. 휴전선 너머 멀리 보이는 곳이야. 여기에서 분출한 용암은 한탄강을 따라 흘러내렸어. 용암은 주로 한탄강을 따라 내려오다가 임진강으로 들어왔지. 용암은 10여 차례나 분출해서 물처럼 흘렀으니 낮은 곳은 모두 메워졌지. 물이 흐르던 곳이 메워져 평평한 땅이 되었으니 강물은 새로운 길을 찾아야 했어. 오랜 세월을 두고 물이 흐르면서 새로운 임진강이 만들어졌어.

 그런데 물이 흐르면 침식 작용이 일어나잖아. 흙과 바위들이 물에 의해 파여 나가는 현상 말이야. 용암 대지의 침식 작용은 바위가 조금씩 부스러져 파이는 것이 아니야. 주상 절리는 암석이 기둥 모양으로 갈라져 있기 때문에 충격을 받으면 세로 기둥이 통째로 떨어져 나가. 이런 작용이 오랫동안 계속되면서 만들어진 것이 임진강 수직 절벽이야. 이 현상은 지금도 진행되고 있어. 절벽 밑에 수북하게 쌓인 돌무더기들이 보이지? 강물의 침식 작용으로 절벽에서 떨어져 내린 돌들이야. 먼 훗날에는 아마 더 높은 절벽을 볼 수 있겠지.

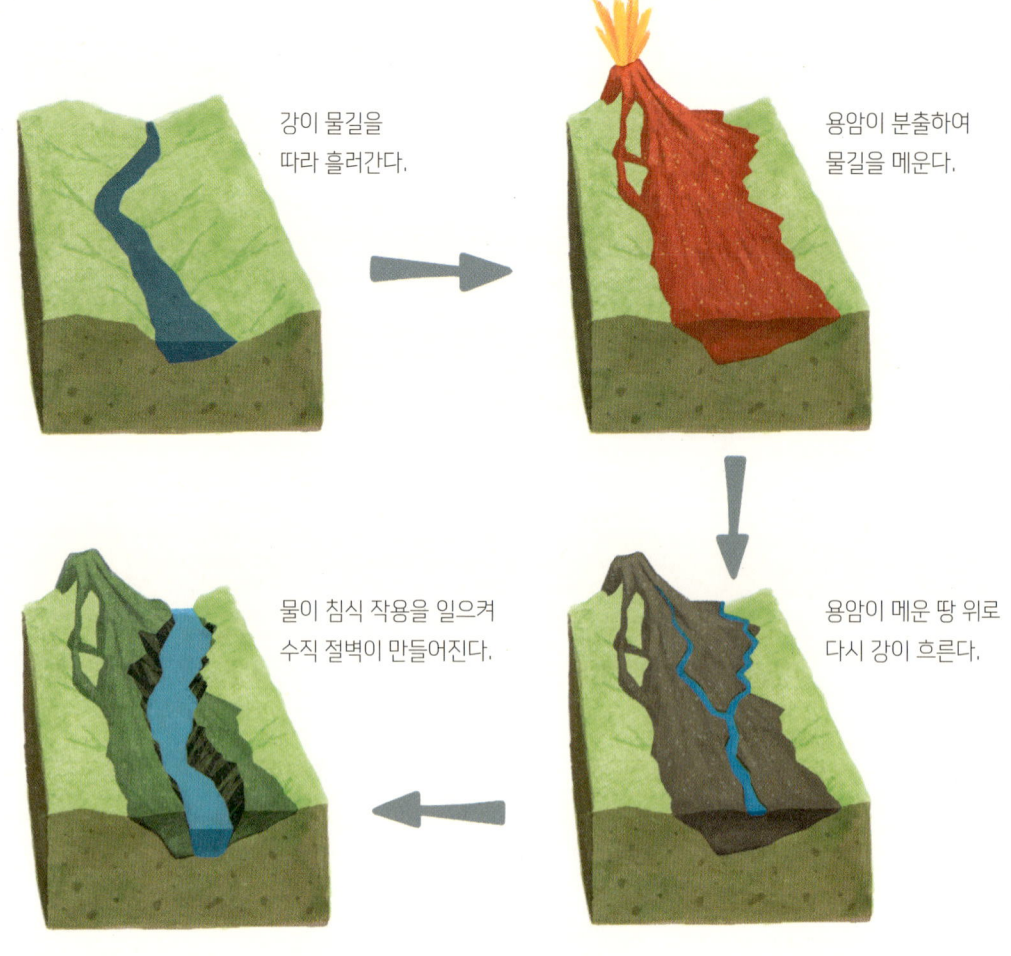

현무암 협곡이 만들어지는 과정

이렇게 화산이 폭발하고 지각 운동이 한창일 때도 과연 사람이 살았을까? 그 점을 확인할 수 있는 곳이 가까이에 있어. 임진강과 한탄강이 만나는 곳에서 한탄강을 따라 조금 올라가면 나오는 전곡이라는 곳이야. 여기에 우리 한반도 역사를 새로 쓰게 한 전곡 선사 유적지가 있어. 한반도 역사뿐 아니라 전 세계 고고학 역사를 다시 써야 할 만큼 엄청난 유적이 이곳에서 발견됐지. 그것은 작은 돌멩이 하나에서 시작됐단다.

1977년, 한국에 근무하던 미군 한 명이 한탄강에서 연인과 산책을 즐기고 있었어. 병사의 눈에 타원형으로 예쁘게 다듬은 돌이 보였어. 군대에 오기 전 고고학을 전공했던 병사는 보통 돌이 아니라고 느꼈지. 그 돌을 주워서 전문가에게 보였더니 구석기 시대 주먹 도끼라는 사실이 밝혀졌어. 이게 뭐 그렇게 대단한 발견이냐고?

그때까지만 해도 고고학자들은 아시아에 살던 구석기 인류가 정교한 주먹 도끼를 만들지 못했다고 알고 있었거든. 그런데 유럽과 아프리카에서만 발견되던 주먹 도끼가 대륙을 훌쩍 건너뛰어 동아시아

전곡리에서 발견된 주먹 도끼

끝 한반도에서 발견된 거야. 인류가 진화해 온 지도를 다시 그려야 했으니 전 세계의 고고학자들이 놀란 게 당연하지.

이 주먹 도끼를 사용한 사람들은 호모 에렉투스라는 원시 인류야. 한반도에 나타난 최초의 인류라고 해. 전곡 일대에서는 지금까지 17차례에 걸쳐 발굴 작업을 했어. 이들이 남긴 구석기 유물은 임진강 현무암층 바로 위에서 발견됐어. 지금부터 약 30만 년 전, 용암이 굳은 땅 위에서 한반도의 첫 인류가 살았던 거야. 해마다 5월이면 전곡선사박물관에서 구석기 축제가 열려. 이곳에 가 보면 화산 활동과 인류가 진화해 온 과정을 함께 살펴볼 수 있는 멋진 시간을 보낼 수 있어.

호모 에렉투스는 어떤 이유에서인지 5만 년 전쯤 지구상에서 사라지고 말았대. 임진강을 따라 이동하면서 용암 대지 위에 살던 한반도의 첫 인류도 이때 사라졌어. 그렇다고 인류가 모두 사라진 것은 아니야. 우리 조상이라고 할 수 있는 호모 사피엔스가 나타나 원시 인류가 살던 곳을 대신 차지했지.

그 뒤로 지금까지 용암 대지는 조상들이 논밭을 일구는 삶의 터전이었어. 그러다가 전쟁이 나면 치열한 격전장이 됐지. 삼국 시대의 전쟁, 한국전쟁은 모두 현무암 절벽을 방어벽 삼아 펼쳐졌어. 그런 한편으로 임진강 절벽은 고려와 조선 시대 왕들이 휴가를 즐기는 장소이기도 했지.

모두 지나간 옛이야기일 뿐일까? 그렇지 않아. 동이리 주상 절리는 최근 국가 기관 평가에서 1등급 지질 유산으로 지정됐어. 세계적으로 보호할 가치가 있는 유산으로 인정받은 거야. 이 밖에도 포천 아우라지 베개용암과 재인폭포가 1등급 판정을 받았어. 모두 용암의 작용으로 만들어진 임진강 유역의 명소들이야.

과연 어떤 모습일까? 임진강은 생각보다 멀지 않아. 내륙 유일의 지질 명소들이 가까이 있으니 한번 가 보면 어떨까. 오늘 우리는 그 한 자락을 본 거고.

암행어사 정약용이 활약한
임진강의 여러 고을
적성·마전·연천·삭녕

때는 1794년. 다산 정약용 선생이 부친의 3년상을 마친 무렵이었지. 한밤중에 갑자기 임금의 명령이 떨어졌어.

"천 리에 흉년이 들어 민폐가 크다지만 궁궐에서 살필 수가 없구나. 관아나 시장, 촌락에 몰래 다니면서 세밀하게 살펴 아뢰어라. 마패는 어사출두 할 때가 아니면 사사로이 사용 말라."

그러니까 암행어사로 임명된 거야. 정약용 선생은 허름한 차림새로 마을 구석구석을 다니면서 백성들의 사정을 꼼꼼히 살폈어. 그리고 확실한 사실을 얻으면 어사출두를 해서 낱낱이 조사했어. 그래도 부족하면 다시 신분을 감추고 백성들 사이를 돌아다니며 관리들의 비리를 캐냈지.

다산 정약용 선생 알지? 거중기를 이용해 수원 화성을 건설한 실학자이자 18년 유배 생활을 견디며 수많은 책을 쓴 분 말이야. 그런데

 임진강을 여행하다 말고 정약용 선생 이야기는 왜 하며, 암행어사는 또 뭐냐고? 정약용 선생이 암행어사로 활약한 곳이 바로 임진강 고을이었거든. 선생은 적성, 마전, 연천, 삭녕을 돌아본 뒤 파주를 거쳐 한양으로 돌아와. 모두 임진강이 흐르는 고을이지.
 한양으로 돌아온 선생은 상소를 올려서 전 연천 현감 김양직과 삭

녕 군수 강명길을 파직시켜. 강명길은 임금 정조를 치료하던 어의였어. 김양직은 묏자리를 정하는 지관이었는데, 정조의 아버지 사도 세자의 능 자리를 잡은 사람이었지. 둘 다 임금과 가까운 사람이었던 거야. 이들이 백성에게서 빼앗은 재물이 얼마나 많았던지, 흙을 실어 나르는 배를 가득 채우고도 남을 정도였대. 임금은 이들을 감싸 주려 했지만 정약용 선생은 끝까지 벌 줄 것을 요구해. 선생은 임금과 가깝다고 죄를 묻지 않으면 나라의 법이 무너지고 정치도 어지러워진다고 생각한 거야.

임금이 아끼는 사람을 처벌하라고 주장하는 것은 쉬운 일이 아니야. 임금에게 미움을 사서 제가 먼저 쫓겨날 수 있거든. 그리고 실제로 이런 일이 벌어졌어. 정약용 선생은 나중에 모함을 받고 유배를 가잖아. 선생을 유배 보내는 데 앞장선 사람 중에 서용보라는 사람이 있어. 서용보는 선생에게 원한을 품고 있었어. 여기에는 그럴 만한 사연이 있단다. 바로 선생이 암행어사이던 시절 마전 고을을 지나갈 때 벌어진 일 때문이야.

뒷날 정승까지 오른 서용보는 그 무렵 경기도 관찰사였어. 서용보의 집안사람으로 마전에 사는 사람이 있었는데, 그는 향교 땅을 서용보에게 바쳐 묘지로 삼게 할 작정으로 거짓 소문을 퍼뜨렸어. 마전향

연천군 미산면 마전리
정약용이 암행어사로 활약한
마전 고을의 현재 모습

교 터가 좋지 못하니 향교를 옮겨야 한다는 거였어. 속임수가 잘 통하지 않자 마을 사람들을 위협해서 뜻을 이루려 했지. 선생이 왔을 때는 일부 건물을 뜯어 버리는 중이었어. 이 사실을 알아낸 선생은 어사출두를 한 뒤 일을 꾸민 자들을 잡아들여 엄하게 처벌해.

서용보가 직접 저지른 일도 있었지. 임진강 주변 고을들에서 무거운 세금을 거두어들였어. 임금이 수원 화성으로 행차하는 길을 새로 닦아야 한다는 이유였지. 정조는 아버지 사도 세자의 묘가 있는 수원 화성으로 행차하는 일이 잦았거든. 백성들은 멀쩡한 과천 길을 놔두고 새로 길을 닦는 임금을 원망했어. 일은 서용보가 벌였는데 백성들의 원망은 임금을 향했지. 선생은 이런 사실을 임금에게 아뢰고 서용보를 처벌하라는 상소를 올려. 그래서 서용보가 선생에게 원한을 품게 된 거야.

그때 백성들의 생활이 어땠는지를 알 수 있는 시가 있어. 정약용 선생이 암행어사로 적성 고을을 살피면서 지은 작품이야.

점심밥은 거르고 밤에 와서 밥을 짓고
여름에는 솜 누더기, 겨울에는 삼베 적삼
땅이나 녹아야 들냉이 싹 날 테고
이웃집 술 익어야 찌끼라도 얻어먹지
지난봄에 꾸어 온 환자미가 닷 말인데
올해도 이 꼴이니 무슨 수로 산단 말인가
오호라, 이런 집이 천지에 가득한데
구중궁궐 깊고 멀어 어찌 다 살펴보랴.

선생은 암행어사 임무를 수행하면서 궁궐에서는 알 수 없었던 백성들의 어려움을 알게 돼. 그래서 정의로운 나라를 만들기 위해 더욱 노력했어. 권력과 재물만 생각하는 탐욕스러운 자들에게 선생은 눈엣가시였어. 선생을 쫓아낼 핑계를 찾았지.

마침내 그들에게 기회가 와. 선생을 아끼던 정조가 갑자기 세상을 떠난 거야. 그들은 이런저런 죄를 꾸며서 선생을 남해 먼 바닷가로 유배시켜 버려. 많은 사람들이 선생의 억울함을 주장했지만 우의정이던 서용보가 모두 눌러 버렸어. 2년 뒤 선생을 석방하라는 명령이 내려졌지만 그때도 서용보가 나서서 막았어. 그래서 선생은 18년이나 유배 생활을 해야 했어. 그게 끝이 아니야. 18년 만에 돌아온 선생에게 조정에서 벼슬을 주자는 의논이 있었대. 이것도 서용보가 완강하게 반대해서 성사되지 못했지. 오래전 원한이 평생을 간 거야. 덕분에 선생이 대학자가 된 건지도 몰라. 혼란스러운 정치판을 떠나서 수많은 책을 지었으니 말이야.

하지만 백성을 생각하는 사람들이 죽거나 쫓겨나면서 나라 꼴은 엉망이 됐지. 정약용 같은 분들이 계속 나와서 정치를 바르게 펼칠 수 있었다면 일본에 나라가 망하는 일은 없었을지도 몰라. 마전향교를 둘러싸고 벌어진 한 편의 사건은 선생의 운명뿐 아니라 이처럼 조선이라는 나라의 흥망과도 연결돼. 사소한 일 하나가 이렇게 큰일로 번질 줄 누가 알았겠니.

마전향교가 있던 곳은 연천군 미산면 마전리야. 향교는 사라지고 그 터는 밭이 됐지만, 서용보의 흔적은 남아 있어. 향교 터에서 바라보이는 곳에 서종섭이라는 사람의 묘가 있는데, 이 사람 묘비에 글을 새긴 사람이 서용보야. 묘지로 쓰려고 향교를 허물었다고 했잖아? 결국 향교는 차지하지 못하고 조금 떨어진 산기슭에다 묘지를 쓴 거지.

이런 역사적인 현장을 한번 찾아가 볼까? 정약용 선생이 어사출두한 적성과 마전, 연천을 돌아봐도 좋겠지. 삭녕은 갈 수 없겠구나. 휴전선 너머 북쪽이거든. 임진강에서는 늘 이런 식이야. 휴전선을 만나 돌아서야 하는 여행.

고려 종묘
숭의전

이제 숭의전을 둘러볼 차례야. 동이리 주상 절리와 마전향교가 있던 마을을 지나면 닿는 숭의전은 어떤 곳일까? 숭의전은 고려의 종묘야. 서울에도 종묘가 있어. 조선 왕들의 신주를 모셔 놓고 제사를 지내는 곳이지. 종묘는 왕조 국가에서 가장 중요하게 생각하는 장소였어. 왕들을 제사 지내는 곳이니 말해 무엇하겠니. 궁궐 가까이에 지어 두고 정성을 다했지.

서울의 종묘는 엄숙하고 웅장한 느낌이 들어. 그에 견주면 숭의전은 한적하고 소박한 곳이야. 고려의 도읍인 개성이 아니라 시골 강가에 자리 잡은 것도 서울 종묘와는 다른 점이지. 그런데 고려 종묘는 왜 도읍지 개성이 아닌 임진강 가에 지어진 걸까? 여기에는 재미난 전설이 있어.

고려가 망한 뒤 어느 날, 고려 왕족 몇이 예성강 나루에 모였어. 왕

족들은 고려 태조 왕건의 신줏단지를 들고 있었어. 이들은 조선 왕조가 자기들 조상을 해칠까 봐 두려워했지. 고려 왕족을 모두 없애라는 명령이 내려진 때였거든. 그들은 왕건의 신주를 돌배에 태워 바다로 보내기로 했어. 먼 바다로 가서 영혼이나마 평온하기를 바란 거야.

  돌배는 예성강을 따라 바다로 흘러갔어. 돌배가 어떻게 물에 뜨냐고? 그런 말은 하지 말자. 전설이라고 했잖아. 그런데 바다에서 밀물을 만나는 바람에 강으로 떠밀린 배가 임진강을 타고 올라갔어. 점점 더 육지 깊숙이. 배는 삭녕까지 올라갔다가 다시 떠내려와서 어딘지 모를 강변에 닿았지.

  거센 물살에 시달린 왕족들은 배에서 내렸어. 돌배를 쇠밧줄로 단단히 묶어 두고는 주변을 살폈지. 바다로 가는 것은 포기하고 근처에서 신주 모실 곳을 찾기로 한 거야. 여기저기 살피다 돌아와 보니, 웬걸! 쇠밧줄은 썩어 바스러지고 배는 사라져 버렸어(썩은소). 한참을 찾아 헤매다 보니 강가의 깎아지른 절벽에 돌배가 척 붙어 있지 뭐야(잠두봉). 지친 왕족들은 '여기가 태조 왕건께서 정해 준 자리인가 보다.' 생각했지. 이제 더는 움직일 힘조차 없었거든. 왕족들은 절벽 위에 터를 잡고 사당을 지은 뒤 왕건의 신주를 모셨지.

  그때였어. 갑자기 세찬 바람이 불고 물결이 사납게 일더니 돌배를 삼키는 거야. 그뿐이 아니야. 천둥 벼락이 치면서 커다란 종이 굴러떨어져 물속으로 풍덩 빠져 버렸어. 그러고는 잠잠해졌지. 지금도 맑은

날이면 물속에 가라앉은 돌배가 보인다는구나. 종은 산꼭대기 절에서 떨어진 거라는데, 나라에 난리가 나면 물속에서 뎅뎅 울었다고 해.

이 왕건의 사당이 바로 숭의전이야. 그리고 돌배를 묶었던 쇠밧줄이 썩은 곳이 있었지? 거기는 그때부터 썩은소라고 부르게 되었대.

물론 실제 역사는 좀 달라. 조선이 고려 왕족들을 해치려 한 것은 사실이지만 전부 죽이지는 않았어. 고려를 다시 일으킬지 모를 왕족들은 억눌러야 하지만 백성들에게는 새로운 왕이 너그럽다는 것을

떠내려온 돌배가 닿았다는 잠두봉

1. 숭의전 전경
2. 숭의전
3. 숭의전에 모신 태조 왕건의 어진과 위패
4. 왕건이 마셨다는 어수정
5. 고려 신하를 모신 배신청 내부

보여 줘야 했거든. 그래서 고려의 수도에 있던 종묘를 없애는 대신 사람들 눈에 띄지 않는 조용한 강가에 사당을 짓게 된 거지.

그렇다고 아무 데나 지은 것은 아니야. 산 위에 절이 있었다고 했지? 앙암사라는 절인데, 왕건을 위해 기도하던 절이래. 이곳은 개성과 철원을 오가는 길목이야. 고려를 건국하기 전 왕건은 태봉국 궁예의 부하였어. 개성에 살던 왕건은 궁예의 왕궁이 있는 철원을 자주 오가야 했는데, 그때 잠시 쉬어 가던 곳이 앙암사였어. 숭의전 입구에는 그때 왕건이 마셨다는 샘물이 있어. 임금이 마신 물이라고 해서 어수정이라고 하지. 그런 인연이 있는 장소에 사당을 지은 거야.

자, 그럼 어수정 샘물 한 모금 마시고 숭의전을 구경해 볼까?

건물은 한눈에 다 보일 만큼 소박해. 숭의전에는 왕을 모시고, 배신청에는 신하들을 모셨지. 숭의전에 고려 왕들을 다 모시는 것은 아니고 태조 왕건을 포함해 큰 업적을 세운 왕 네 명만 모셔. 네 명의 왕을 정하는 문제는 까다로웠을 거야. 지금 선정한다면 기준이 달라질 수도 있겠지. 배신청에 모시는 고려 신하들도 마찬가지야. 모두 열여섯 명이 있는데, 왕건과 함께 고려를 세운 개국 공신이 다섯 명이고 서희·강감찬·윤관 등 외적을 물리친 장군들이 대부분이야.

고려 시대를 생각하면서 숭의전을 둘러보면 역사 공부에도 도움이 될 거야. 개성에 가 볼 수 없는 상황에서 숭의전은 고려를 대표하는 명소라고 할 수 있으니까. 신라를 보러 경주에 가고 백제를 만나러

부여에 가는 것처럼, 고려를 보려면 임진강의 숭의전에 와야지.

건물을 다 둘러봤으면 밖으로 나가 볼까? 숭의전과 역사를 같이해 온 500년 묵은 느티나무가 있어. 숭의전 건물은 전쟁으로 불타 버려서 다시 지은 거야. 그러니 진짜 오래된 역사는 숭의전 앞 느티나무에 새겨 있다고 봐야지. 이 느티나무에 까치가 날아오면 좋은 일이 생기고 까마귀가 날아들면 초상이 난다는 이야기가 있어. 혹시 무슨 새가 보이니? 다람쥐만 보인다고? 까마귀가 아니어서 다행이지, 뭐.

돌배가 닿았다는 잠두봉 절벽에도 올라가 볼 수 있어. 절벽에서 잠시 눈을 감고 귀를 기울여 볼까? 무슨 소리가 들리니? 바람 소리, 새 소리, 자동차 소리……. 종소리는 들리니? 가라앉은 종이 울리면 난리가 난다고 했으니 안 들리는 게 좋겠지?

절벽 뒤로는 길게 숲길이 나 있어. 앞쪽은 임진강이야. 왕건의 돌배

가 흘러온 강이지. 돌배가 온 길을 거꾸로 가면 예성강을 거쳐 개성에 닿을 거야. 돌배 이야기는 전설이지만 돌배가 흘러온 길은 실제 뱃사람들이 다니던 길이지. 전설은 예성강과 임진강을 오가던 뱃사람들이 옛 고려를 생각하며 지어낸 이야기일지도 몰라. 언젠가 이 길을 다시 오갈 수 있는 날이 오면 좋겠구나. 그때 느티나무에는 분명 까치가 날아들겠지?

두 번의
세계 전쟁

칠중성과 캐슬 고지

적군 묘지라고 들어 봤니? 전쟁할 때 우리 편이 아닌 상대편 군인을 적군이라고 하지? 그 적군의 주검을 묻은 묘지가 적군 묘지야. 우리 군인도 제대로 챙기기 힘든 전쟁터에서 적군의 묘지를 만든다고?

제네바 조약이라는 것이 있어. 전쟁에서 피해자를 보호하기 위해 지켜야 할 규칙이라고 할 수 있는데, 이 조약에 적군의 시체를 상대편에게 인도할 의무가 있다는 내용이 나와. 죽은 적군은 더 이상 적

북한군 중국군 묘지

군이 아니라는 말도 있지. 죽은 사람이 우리를 해칠 리 없잖아. 어떤 시인은 적군 묘지 앞에서 "죽음은 미움보다 사랑보다 너그러운 것"이라는 말도 했지.

그런 적군 묘지가 임진강이 흐르는 파주시 적성면에 있어. 정식 이름은 '북한군 중국군 묘지'란다. 한국전쟁 때 전사한 북한군과 중국군의 유골을 묻은 공동묘지야. 전쟁 중에 만든 게 아니고, 전쟁이 끝난 뒤 지금까지 여기저기 전쟁터에서 발굴한 시신을 모아 놓은 거지. 남한과 북한이 평화를 찾는 날 고향으로 돌려보내려고 휴전선 가까운 곳에 묘지를 만들었다고 해.

임진강은 치열한 전쟁터였으니 이곳에서도 많은 군인들이 죽어 갔을 거야. 아군과 적군 가릴 것 없이, 목숨을 잃은 군인들의 피가 임진강을 적셨어. 그때 모습이 적군 묘지에서 가까운 영국군 설마리 전투비에 새겨 있어. 1951년 4월 파주시 적성면 설마리에서는 우리나라의 적군으로 참전한 중국군과 우방인 영국군이 맞붙었지.

임진강에는 정적이 흘렀다. 우리는 캐슬 고지에 진을 치고 있었다. 4월 22일까지 우리는 기다렸다. 그리고 그날 전투가 시작됐다.

영국군 패러 호클리 대위가 기록한 전투 직전의 상황이야. 임진강은 영국군 부대가 지키고 있었지. 전투가 시작된 그날, 강을 건너 중국군이 밀려들었어. 영국군은 고지에 진을 치고서 중국군을 '낫으로 풀을 베듯' 쓰러뜨렸지. 기관총을 쏘고 또 쏘고……. 그런데도 중국군은 자꾸만 밀려들었어. 한 명이 쓰러지면 두 명이, 두 명이 쓰러지면 세 명이 빈자리를 메웠지.

나흘에 걸친 전투 끝에 영국군은 마침내 항복하고 말아. 고지를 빼앗기고 후퇴하다 골짜기에 갇혀서 아무것도 할 수 없게 됐거든. 그 자리에 설마리 전투비와 영국군 추모 공원이 마련되어 있어.

그런데 천여 년 전에도 이 자리에서 전쟁이 벌어졌어. 그때는 임진강을 사이에 두고 신라와 고구려가 서로 맞서고 있었지. 백제가 멸망한 이듬해에 신라와 고구려는 칠중성에서 마주쳤어. 영국군이 진을 쳤던 캐슬 고지가 바로 칠중성이야.

고구려군이 쳐들어오니, 적을 향하여 활을 쏘아 화살이 비 오듯 하였다. 팔다리와 몸이 찢어지고 잘리어 흐르는 피가 뒤꿈치를 적실 정도였다.

1. 영국군 설마리 전투비
2. 설마리 전투에 참여한 영국 글로스터 대대 부대원(1951년)
3. 영국군 설마리 전투 추모 공원

『삼국사기』에 기록된 661년 칠중성 전투 장면이야. 활과 총만 다를 뿐, 전투 장면은 호클리 대위의 기록과 아주 비슷해. 성을 지키던 신라군은 끝내 장렬한 최후를 맞았어. 병사들의 발뒤꿈치를 적신 피는 냇물을 타고 임진강으로 흘러들었겠지.

더 큰 전투는 몇 해 뒤에 벌어져. 신라가 당나라와 손잡고 고구려를 멸망시킨 것은 알지? 그런데 당나라가 고구려 땅을 다 차지하려고 해서 신라와 당나라가 싸우게 되잖아. 이른바 나당전쟁이 벌어졌는데, 이때도 중요한 곳이 임진강이었어. 칠중성을 비롯한 임진강 주변 여러 성에서 치열한 전투를 벌였지. 나당전쟁을 마무리 지은 매소성 전투도 임진강에서 벌어졌어. 매소성 전투에서 신라는 무려 20만 명이나 되는 당나라 군대를 물리쳐. 큰 피해를 입은 당나라는 물러날 수밖에 없었지. 20만 명이라니 상상이 가니? 이렇게 몇십만 명이 참전한 국제적인 규모의 전쟁이 천여 년을 지나 임진강 골짜기에서 다시 펼쳐진 거야.

칠중성에 올라가 보면 왜 이곳을 놓고 큰 전투가 벌어졌는지 알 수 있단다. 칠중성은 중성산이라는 낮은 산 위에 있어. 앞쪽은 임진강인데, 그 사이에 넓은 평야가 펼쳐져 있어서 주위가 한눈에 들어와. 적이 다가오면 금방 눈치챌 수 있지. 반면 뒤쪽은 감악산을 비롯한 높은 산들이 가로막고 있어서 빠져나가는 길이 좁아. 함부로 지나가다간 대롱에 갇힌 쥐처럼 오도 가도 못하게 되는 거지. 영국군이 항복한 이

유도 그들이 캐슬 고지라고 불렀던 칠중성을 빼앗겼기 때문이야. 고지를 빼앗기면서 칠중성과 감악산 골짜기 사이에 갇혀 버린 거지.

그런데 왜 병사들은 좁고 위험한 골짜기로 몰려드는 걸까? 좀 더 넓은 길로 진격하면 될 텐데 말이야. 임진강 때문이야. 강에 다리가 없다고 생각해 봐. 병사들이 어떻게 강을 건널까? 걸어서 건널 수밖에 없잖아. 강을 걸어서 건널 수 있는 얕은 곳을 여울이라고 하는데, 임진강에서 가장 넓은 여울이 바로 칠중성 앞쪽에 있는 가여울이야. 대규모 군사가 이동할 수 있는 곳이지. 그래서 이동하는 군대가 많다 보니 싸웠다 하면 큰 전투가 벌어지는 거야. 가여울의 지리적인 특징은 지금도 알 수 있어. 강으로 나가면 낚시꾼들이 배도 타지 않고 강 한가운데 서서 낚싯대를 드리우고 있는 모습을 볼 수 있지. 저 길로 고구려군은 내려오고, 신라군은 평양을 향해 진격했어. 당나라군이 넘보다가 돌아갔고, 한국전쟁 때는 영국군과 중국군이 맞붙었고.

우리도 여울을 건너 볼까? 지금은 다리가 있어서 물속을 걷지 않아도 돼.

강 건너편에도 가 볼 곳이 있어. 바로 삼팔선마을이란다. 삼팔선이 그어지고 남북이 분단되면서 한집에서 아랫방은 남한이 되고 윗방은 북한이 됐다는 이야기가 전

삼팔선 비석

해 오는 곳이야. 도로 옆에는 삼팔선 비석이 있는데, 이 비석을 지나가면 옛날에는 북한 사람이었던 분들을 만날 수 있어. 이분들은 지금도 아랫방 남한 사람과 윗방 북한 사람을 구분할까?

우리는 전쟁을 통해 역사를 읽곤 하지. 전쟁은 엄청 큰 충격을 안겨 주는 사건이기 때문에 많은 기록을 남기게 돼. 기록되지 않은 더 많은 날은 뭘까? 아무 일도 벌어지지 않은 평화로운 날이었다고 할 수 있겠지. 역사는 삼팔선으로 나뉜 날을 기록하지만, 지금은 삼팔선마을에 사는 어느 누구도 서로를 향해 남북을 따지지 않아.

임진강 최대의 항구 도시

고랑포

우리는 강물을 따라 한 발 한 발 내려가고 있어. 역사가 남긴 자취를 찾아서 그곳에 깃든 이야기를 나누고 있지. 지금 우리는 고랑포 언덕에 서 있어. 강물이 달라지는 곳이야. 바다의 영향을 받아서 밀물 때면 물이 불어나고 썰물 때면 물이 빠져나가. 바다가 가까워진 거야. 물이 들고 나면서 생기는 갯벌도 볼 수 있어. 펄에 한번 들어가 볼까? 그래도 좋겠지만 쉽게 갈 수는 없어. 여기부터 임진강이 다시 민간인 통제 구역이 되기 때문에 군부대의 허가가 없으면 강으로 들어갈 수 없거든.

고랑포는 우리 곁을 흐르던 임진강이 다시 민통선이 되는 시작점이기도 해. 별수 없지. 이렇게 언덕에서 바라보는 수밖에. 한 그루 나무가 되어 조용한 풍경 속으로 들어가 보면 좋을 것 같아. 언덕 아래로는 현무암 절벽이 길게 이어지고 건너편은 모래밭이야. 강물은 그

1930년대의 고랑포

사이에서 크게 곡선을 그리며 흘러내려. 논과 밭, 절벽 위에 늘어선 나무들, 오롯한 자연이 눈앞에 펼쳐져.

그런데 여기가 전혀 다른 모습이던 시절이 있었다는구나. 그 시절을 보려면 1930년대로 돌아가야 해. 그때는 고랑포가 임진강 최대의 항구 도시이자, 서울과 개성 사이에서 가장 번창하던 상업 도시였대. 여기 옛날 사진 한 장이 있어. 바로 우리가 서 있는 언덕에서 찍은 사진이야.

옛 고랑포 사진을 보니 초가집들이 빼곡 들어차 있네. 마을 가운데로 길이 나 있고, 절벽으로 끊긴 자리에는 다리가 있어. 간혹 기와집이 보이고, 슬레이트 지붕을 한 색다른 건물도 있어. 길가에는 커다란 간판을 내건 집도 보여. 아마 상점인 모양이야. 그리고 전봇대가 눈에 띄는 걸 보니 그 시절에 벌써 전기도 들어왔었나 봐.

슬레이트 건물은 백화점이라는구나. 간판을 단 상점 가운데 하나는 시계포였고, 곡물 검사소와 금융 조합도 있었다고 해. 절벽에 늘어선 나무와 강을 빼면 우리가 서 있는 바로 이곳 풍경이라는 사실이 믿어지지 않아. 산천은 그대로인데 집들은 다 어디로 간 걸까? 고랑포가 사진 속 모습을 하고 있던 때로 가 보기로 하자. 지금은 풀만 무성한 포구가 사람들로 북적이던 시절로 말이야.

조용한 포구가 상업 도시로 번창했던 이유는 뭘까? 그건 임진강 때문이야. 고랑포는 바닷물의 영향을 받는 곳이라고 했지? 밀물 때면 물이 깊어지기 때문에 이 시간을 맞추면 서해에서 큰 배들이 드나들 수 있어. 옛날에는 강을 이용하는 것이 무거운 짐을 운반하는 가장 효율적인 방법이었어. 배들이 수시로 고랑포를 드나들었지. 배들은 주로 소금이나 새우젓을 싣고 왔어. 소금이 얼마나 중요한 물품인지는 알지? 육지에서 나지 않는 필수품들이 배를 타고 올라와 여기저기로 팔려 나갔어. 작은 배로 옮겨져 골짜기 깊은 곳까지 강을 거슬러 운송되기도 했어.

반대로 고랑포에서는 주변 지역에서 나는 곡물과 땔감을 실어 보냈

어. 그중에서 특히 장단콩이 유명했어. 곡물 검사소에서 품질을 검사한 우수한 곡물들을 배에 실어 서울로 운반했지. 임진강은 강이 끝나는 곳에서 한강과 만나. 한강을 따라 올라가다 마포에 내리면 바로 서울이야. 생각해 봐. 곡물과 땔감은 각각 식량과 에너지잖아. 이것이 없으면 도시가 유지될 수 없어. 고랑포는 이처럼 생활에 꼭 필요한 물품을 받고 보내는 화물 터미널 구실을 했단다.

고랑포는 물길로만 중요했던 게 아니야. 고랑포가 번창한 데에는 한 가지 이유가 더 있어. 서울과 개성을 오가는 도로의 중간 지점이라는 요인도 중요했단다. 두 도시를 오가려면 반드시 고랑포에서 임진강을 건너야 해. 지금은 다리가 있어서 그냥 지나가면 그만이지만, 옛날에는 그렇지 않았거든. 강을 건너려면 머무르면서 기다려야 했어. 그래서 기차역 주변에 식당이나 상점이 많이 생기듯 중요한 길목인 고랑포에도 큰 시장이 생기게 된 거야.

사진에서는 볼 수 없는 고랑포 풍경이 하나 더 있어. 고창굿이라는

민속놀이야. 3년마다 음력 2월에 치르던 이 놀이는 마을의 평화와 배의 안전을 비는 제의였대. 굿 놀이가 펼쳐지면 주변 지역에서 수많은 사람들이 몰려들었다는구나. 상점들은 손님을 더 많이 끌기 위해 빨간색, 노란색, 녹색의 큰 기를 내걸었고, 포구에 있는 2, 30척의 배에도 색색의 깃발을 걸어 두었대. 바람에 나부끼는 깃발이 장관을 이루었다지.

축제가 끝나고, 인적은 없고, 집도 사라진 곳에 우리는 서 있어. 번창하던 포구의 모습은 기록으로만 남아 있을 뿐이야. 전쟁으로 불타고 분단으로 길이 막힌 고랑포는 옛 모습을 잃었어. 아무도 저 강을 건너오지 않아. 밀물을 타고 올라오는 배도 없어. 어선 두 척만이 꽉 막힌 포구에 정박해 있어. 옛날을 되살리기 위해 '고랑포 역사공원'이라는 것을 마련하고 있지만, 흥성대던 고랑포가 되살아나지는 않을 거야. 공룡 박물관이 공룡을 되살릴 수 없는 것처럼 말이야.

고랑포 건너편에는 장자못이라는 큰 호수가 있어. 옛날 이 자리에는 아흔아홉 칸 집 부자가 살았대. 어느 날 노승이 목탁을 두드리며 시주를 청했더니, 부자가 똥거름을 퍼 주더래. 놀란 며느리가 그릇을 씻고 쌀을 담아 주었어. 그러자 노승은 며느리에게 가장 중요한 것 하나만 들고 따라오라면서, 무슨 일이 있어도 뒤를 돌아보면 안 된다고 단단히 일렀지. 노승과 며느리가 강을 건너 고랑포 언덕에 다다랐을 때였어. 갑자기 뒤에서 천둥 벼락이 치고 요란한 소리가 들려왔어.

깜짝 놀란 며느리가 집을 향해 돌아섰더니, 아흔아홉 칸 집이 모두 물속에 가라앉고 큰 호수가 되어 있더래. 며느리는 어떻게 됐을까? 그만 그 자리에서 돌이 되고 말았지.

  옛 시절을 돌아보며 아쉬워할 필요는 없어. 남북으로 다시 길이 열리면 임진강에 번성하는 도시가 하나쯤은 생길 거야. 그곳이 고랑포가 아니어도 상관은 없겠지. 다만 깃발 나부끼는 축제만큼은 되살아났으면 좋겠어. 평화의 난장판이 될 테니까.

오늘의 역사가 새겨진 마을

장마루

　사라진 마을 고랑포에서 강을 건너면 제법 큰 마을이 있어. 파주 장파리, 장마루라는 곳이야. 임진강 석벽 위에 길게 늘어선 이 마을은 긴 등마루에 있다고 해서 장마루라고 불러. 석벽 아래로 흐르던 강물이 홍수가 날 때 넘치면서 만들어 놓은 언덕이야. 그래서인지 장마루 땅은 물기가 많고 질었던 모양이야. 비가 조금만 내려도 질척질척해서 걸을 수 없을 정도였대. 이런 시골 마을이 1960년대에는 서울 명동보다 화려하고 밤에도 불이 꺼지지 않는 유흥가였다면 믿을 수 있겠니?

　한국전쟁이 일어나기 전까지 장마루는 발이 푹푹 빠지는 시골 마을이었어. 긴 등마루 위로 집도 몇 채 없었지. 그마저도 전쟁 때 사람들이 피란하면서 사라졌어. 전쟁이 끝난 뒤에는 장마루 너머가 모두 민간인 통제 구역이 되는 바람에 강 건너편에 살던 사람들은 고향으로 돌아갈 길이 막혀 버렸지.

고향으로 갈 수 없는 실향민들이 하나둘 장마루로 들어오기 시작했어. 판잣집이나 짓고 사는 어려운 생활이었지만, 고향 가까운 곳에 살겠다는 분들이 모여들어 호미 한 자루로 폐허를 일구었어. 장마루를 배경으로 그 시절을 그려 낸 「장마루촌의 이발사」라는 영화가 있어. 전쟁터에서 돌아온 청년이 이발사로 일하며 황무지가 된 농촌을 새롭게 일으킨다는 내용이야. 실제 이야기는 아니지만 농촌의 어려운 현실은 영화와 비슷했을 거야.

전쟁은 끝났다지만 군사 지역에서 살아가기는 더욱 팍팍했겠지. 불법이었지만, 먹고살기 힘든 장마루 사람들은 고철을 줍기 위해서 몰래 임진강을 건넜어. 강 건너편 통제 구역에는 전쟁 때 파괴된 탱크나 포탄, 버려진 탄피가 많았거든. 고무 튜브에 나무 막대를 연결해서 만든 뗏목에 고철을 싣고 돌아왔지. 불발탄을 잘못 건드려 목숨을 잃기도 하고 휴전선을 넘어가서 고철을 줍다가 북한으로 끌려가기도 했지만, 위험을 무릅쓰고 이런 일을 했어. 얼마나 먹고살기가 힘들었으면 그랬을까.

이런 장마루에 변화의 바람이 불어왔어. 맞은편 강 건너에 미군 부대가 들어왔기 때문이야. 그러자 미군들을 상대로 장사하는 사람들이 늘어났어. 미군들은 휴전선이 있는 전방에 근무하다가 휴일에는 임진강을 건너 장마루로 왔어. 바다 건너 먼 이국땅에 와서 군대 생활을 하는 청년들은 먹고 마시며 휴일을 보냈지.

　유흥업소가 점점 많아지면서 장마루는 불빛이 휘황찬란한 유흥가로 변했어. 전기를 보급하기 위해 발전소가 들어왔어. 노래하고 술 마시는 클럽이 곳곳에 생기고 극장도 들어섰어. 장마루뿐 아니라 이웃 마을에까지 유흥업소가 늘어났어. 거리를 메운 인구가 몇만 명에 이른 적도 있었대. 이때 모습을 간직한 술집 건물이 아직 남아 있어. '라스트 찬스'라는 미군 클럽인데, 무명 시절 가수 조용필이 노래를 불렀다는 곳이야. 널찍한 홀과 홀을 꾸민 벽화, 무대 장식이 그대로 있지.

　밤을 밝혀 가며 수많은 사람들이 모여들었지만 장마루는 오래가지 않았어. 미군 부대가 다른 곳으로 빠져나갔거든. 미군들이 떠나자 전

국에서 모여들었던 장사꾼들도 장마루를 떠났어. 상점들은 문을 닫았고, 일자리를 잃거나 돈 떼인 사람들에다 집들은 텅텅 비어서 장마루는 다시 황량해졌어.

하지만 이것이 장마루의 '라스트 찬스', 그러니까 마지막 기회는 아니었어. 텅 빈 과거로 돌아갈 것 같던 마을은 1970년대에 다시 한 번 변화를 겪었어. 임진강 건너편 민통선 지역을 개간해서 농사를 지을 수 있게 됐거든. 장사꾼이 떠난 자리에 농민들이 모여들었어. 그리고 미군들 대신 농민들이 임진강을

건넜지. 농민들은 임진강을 건너 출퇴근하는 것처럼 농사를 지었어. 아침에 해 뜰 때 강을 건너갔다가 저녁에 해 지기 전에 일을 끝내고 돌아오는 식이야. 가까운 곳에 사는 사람들은 물론 강원도 사람들까지 땅을 얻으려고 장마루로 왔어.

장마루에서 오래 묵은 땅을 개간할 때 가장 큰 문제가 뭐였는지 아니? 무성한 풀을 베고 나무를 뽑아내는 게 아니라 지뢰를 캐내는 일이었어. 전쟁터였던 곳에 잔뜩 묻혀 있는 지뢰가 아무 데서나 툭툭 튀어나왔거든. 땅을 가꾸기 전에 지뢰밭부터 먼저 해결해야 했지. 이

과정에서 많은 농민들이 생명을 잃거나 불구가 되는 사고를 당했어. 지금은 웬만큼 안정됐지만, 아직도 안심할 수가 없어. 지뢰 사고는 여전히 이어지고 있거든.

한 뼘이라도 더 늘려서 농사지으려는 사람들의 집념 덕분에 황무지였던 민통선은 차츰 기름진 논밭으로 변해 갔어. 장마루 거리 풍경도 달라졌지. 유흥업소가 사라진 자리에 농기계 수리점, 씨앗 가게, 토속 음식점 같은 새로운 상점들이 들어섰어.

옛날이야기 같지? 물론 지난 이야기이긴 하지만, 오래전 역사에 기록된 이야기는 아니야. 바로 우리 친구들의 할아버지 할머니 이야기니까.

장마루는 폐허였던 전쟁터가 지금 모습으로 바뀌기까지 무슨 일이 있었는지를 보여 줘. 장마루 사람들은 진흙 위에 집을 짓고, 전쟁 때 버려진 무기들을 치우고, 무서운 지뢰밭을 농토로 만들었어. 그것은 '장마루촌의 이발사'처럼 뛰어난 청년 한 사람만의 이야기가 아니란다. 바람처럼 지나간 미군들이 이룬 일도 아니고. 지금도 리비교를 통해 임진강을 건너가고 건너오는 장마루 사람들 한 사람 한 사람의 이야기야.

장마루에 가면 미군 클럽이었던 곳도 찾아보고, 옛 자취를 보여 주는 거리도 돌아보면 좋을 거야. 하지만 무엇보다도 민통선 초소 앞에서 군인들에게 검문 받으며 임진강을 건너는 농민들 모습을 꼭 보았으면 해. 오늘도 휴전선은 이분들, 바로 친구들의 할머니 할아버지와 함께 역사를 새겨 가고 있어.

임진강 이웃 마을에 산
조선의 큰 학자들
화석정과 임진나루

우리나라를 대표하는 학자가 누군지 묻는다면 어떤 분이 떠오르니? 훌륭한 분들이 많으니까 친구들 대답도 여러 가지일 거야. 율곡 이이 선생을 꼽으면 답이 될까? 아홉 번 과거를 치러서 모두 장원을 차지한 천재라잖아. 여러 분야의 책을 지은 저술가이자 왜적의 침략을 미리 알고 '십만양병'을 주장한 분이기도 하니까 위인으로 꼽아도 손색이 없겠지.

오늘 우리가 찾아온 곳은 율곡 이이 선생의 자취가 남아 있는 화석정이야. 현무암 석벽을 빠져나와 유유히 흐르는 임진강을 멀리까지 굽어볼 수 있는 곳이지. "길게 뻗은 강물은 하늘에 닿아 푸르고, 강은 만 리 바람을 머금었구나." 이이 선생이 화석정에서 지은 시야. 때는 가을이라 단풍은 붉고, 기러기가 날았다고 해. 화석정의 가을은 지금도 그때와 다르지 않은 풍경을 보여 줘.

화석정에서 시를 쓰고 공부하던 이이 선생은 어느 날 소를 타고 이웃 마을로 집을 나서. 언덕 너머에 있는 우계라는 작은 시냇가 마을을 찾아 나선 거야. 저물녘에야 도착해 사립문을 두드리니 한 친구가 나왔지. 고요한 밤, 둘은 마주 앉아서 새벽닭이 울 때까지 이야기를 나눴어. 어느 날은 우계에 사는 친구가 이이 선생을 찾아오기도 했어. 그때는 임진강 석벽 아래 뱃놀이를 즐겼지. 시간 가는 줄 모르고 함께 책을 읽기도 하고, 풀벌레 소리 요란한 또 다른 밤을 지새우기도 했어.

둘은 놀기만 한 게 아니라 치열한 논쟁도 벌였지. 아홉 차례 편지를 주고받으며 사람의 마음에 관한 철학 토론을 벌였어. 단순한 안부 편지가 아니라 학술 논문을 주고받은 셈이야. 조선의 철학이 두 분 사이에서 완성되어 갔어.

　이이 선생과 밤을 새운 친구는 우계 성혼이라는 분이야. 성혼 선생도 우리나라를 대표하는 학자 가운데 한 분이지. 두 분이 살던 화석정과 우계는 자동차로 5분 거리인 가까운 마을이야. 이이 선생은 어머니 신사임당의 친가였던 강릉에서 태어났지만 살던 곳은 화석정 아래 밤나무골 율곡리야. 그래서 호도 율곡이지.

　두 분은 가까이 살면서 친구로 사귀고, 학자로 논쟁하고, 서로 격려하며 평생을 절친한 벗으로 살았어. 그런데 성격은 많이 달랐다고 해. 율곡은 벼슬을 하며 정치를 바로 세우려 한 데 견주어 우계는 벼슬은 사양하고 학문에만 몰두했지. 율곡은 아홉 번이나 장원한 천재답게 거침없이 자기 견해를 펼쳤어. 반면 우계는 늘 먼저 묻고 조심스럽게 생각을 말했지.

　우계 선생은 율곡이 변통을 좋아한다고 비판했어. 원칙을 지키지 않고 타협을 잘한다는 뜻이야. 정치를 하다 보면 뜻이 맞지 않아도 상대를 인정해야 하는 일이 생기지 않겠니? 그런 율곡을 비판한 거야. 그러다가도 막상 율곡 선생이 곤경에 빠지면 가장 먼저 상소를 올려서 변호했어. 이런 우계를 율곡은 "학문으로 말하자면 내가 좀 나을지 몰라도 몸가짐으로 보면 따를 수 없다."고 평가해. 두 분이 서로 얼마나 존중했는지 알 수 있겠지?

　두 위대한 학자와 연관돼서 전해 오는 이야기가 있어. 두 분의 성격만큼 서로 다른 이야기야. 때는 임진왜란이 터진 어느 날이었어. 달도 뜨지 않은 그믐날, 새벽부터 비가 내렸어. 왜군이 쳐들어오자 임금 선조는 한양 도성을 버리고 길을 떠났지. 선조는 저녁 무렵에야 임진나

루에 닿았어. 비는 계속 쏟아지고 날은 저물어 칠흑같이 어두운데 등불 하나조차 없었지. 선조는 나루에 엎드려 통곡했어. 신하들은 눈물을 흘리면서 선조를 쳐다보지도 못했어.

그때 한 신하가 일어나 언덕 위로 올라갔어. 몇 해 전 세상을 떠난 율곡 선생의 유언이 생각났기 때문이야. 언덕에는 율곡 선생이 머물던 화석정이 있었어. 정자에서 상자 하나를 찾아 열어 보니 부싯돌과 기름이 들어 있었어. 화석정에 오를 때면 늘 기둥에 기름을 바르던 살아생전 선생의 모습이 떠올랐어. 신하는 화석정에 불을 붙였어. 기름을 머금은 정자는 거센 빗줄기 속에서도 활활 타올랐지. 선조와 신하들은 그제야 고개를 들고 길을 찾았어. 불꽃이 환하게 강을 밝혀 주었어. 덕분에 선조는 무사히 강을 건널 수 있었대.

화석정에 올라 보면 그 이야기가 그럴듯하게 여겨져. 정자가 임진나루를 빤히 내려다보고 있거든. 그러나 화석정을 불태운 이야기는 사실이 아니야. 실제로는 나루터 주변의 집과 나무들을 태웠지. 그 덕분에 주위가 밝아져서 선조가 강을 건너는 데 도움이 된 거야. 이것도 율곡 선생의 유언에 따른 것은 아니었어. 왜군이 나무를 엮어서 뗏목을 만들어 건너올까 봐 걱정했기 때문이었지.

그렇다면 화석정 이야기는 왜 생겼을까? 어둠 속에서 갈팡질팡하는 나라 꼴을 보며 백성들은 생각했을 거야. 율곡 선생 같은 충직한 신하의 말을 듣지 않아서 나라가 망하게 됐다고 말야. 그런 임금을 향한 원망이 화석정 이야기를 만들었다고 할 수 있겠지.

선조가 강을 건너던 날 임진나루에서 벌어진 또 다른 이야기가 있어. 이번에는 우계 성혼 선생 이야기야.

나루터가 앞뒤도 분간할 수 없는 어둠에 싸여 있었다고 했지? 어둠 속에서 선조가 물었어.

"성혼의 집이 여기에서 얼마나 떨어져 있느냐?"

신하가 대답했어.

"바로 저기에 있습니다."

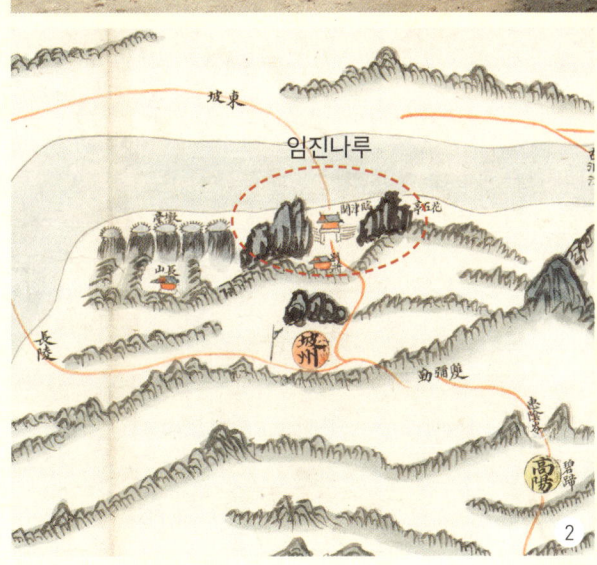

1. 화석정과 멀리 보이는 임진강
2. 옛 지도 속에 보이는 임진나루
3. 군사시설이 들어선 임진나루의 현재 모습

신하가 가리키는 곳이 멀지 않았어. 성혼 선생은 나루에서 멀지 않은 우계라는 시냇가에 살았으니까.

선조가 다시 물었어.

"그렇다면 어찌하여 나와 보지 않는단 말이냐?"

신하는 대답했어.

"이런 난리에 찾아오려고 하겠습니까."

선조는 괘씸하다고 여겼지. 임금이 곤경에 놓였는데 나와 보지도 않다니! 선조는 두고두고 이 일을 잊지 않았어. 나중에 임진왜란이 끝나자 선조는 성혼 선생의 벼슬을 빼앗는 벌을 내려.

성혼 선생은 품행이 바른 분이라고 했잖아. 그런 분이 자기 몸만 보살피려고 숨지는 않았을 거야. 당연히 실제 사정은 달랐어. 선조가 한양 도성을 지킬 것이라는 소문이 돌았기 때문에 그렇게 일찌감치 임진강을 건널 줄은 몰랐던 거야. 게다가 선조는 왜군이 쫓아올까 봐 나루 주변까지 다 불태웠잖아? 그 바람에 피란길을 나선 많은 사람들이 강을 건너지 못하고 나루에서 발길을 돌려야 했어. 더구나 선조는 중국으로 망명할 작정으로 달려갔으니, 무슨 수로 따라잡을 수 있었겠니.

그러나 아무 대비도 없이 허송세월하다가 난리를 당한 선조는 뉘우치기는커녕 오히려 신하들이 역모를 꾸미지나 않을까 의심했어. 임금 자리를 지키려는 마음 때문에 신하들을 의심하고 트집을 잡아

내쳤던 거야.

어둠 속 임진나루에 담긴 이야기 두 편은 백성을 외면한 나라가 얼마나 볼품없는지를 환하게 보여 줘. 이야기 속에서 이이와 성혼 두 분은 서로 다른 모습으로 등장해. 이이 선생은 죽어서도 임금을 구한 분으로 나오는 반면, 성혼 선생은 임금을 버린 사람으로 그려졌지.

그런데 잘 생각해 봐. 이이 선생 이야기는 도망하는 임금을 보며 백성들이 지어낸 이야기야. 성혼 선생 이야기는 도망하는 임금이 신하를 어떻게 대했는지 말해 주는 이야기고. 보는 눈이 다르면 이야기도 달라지는 법이야. 우리는 과연 어떤 눈으로 역사를 보게 될까?

민통선 마을

해마루촌·통일촌·대성동 마을

다시 화석정을 찾아왔어. 화석정에서 보는 임진강 건너편은 민간인 통제 구역이야. 훈련하려고 이동하는 전차와 군인들을 쉽게 볼 수 있지. 임진왜란 때 저만큼 대비했다면 임금이 도망하는 일도 없었을 텐데. 어둠 속에 임진강을 건넌 선조는 어떻게 됐을까?

강 건너편에는 동파역이라는 숙소가 있었어. 밤이 깊은 데다 개성 관아까지는 길이 멀었기 때문에 하루를 묵어야 했어. 전갈을 받은 고을 사또가 곡식을 모아 밥을 짓고 선조를 기다렸지. 그런데 생각지도 못한 사고가 터져 버렸어. 굶주린 하인들이 선조가 먹을 밥을 다 먹어 치운 거야. 사또는 어쩔 줄 모르고 허둥대다 도망치고 말았지. 이 꼴을 본 백성들은 물건을 집어 던지며 소동을 일으켰어. 텅 빈 동파역에 도착한 선조는 수라상은커녕 밥 한술 뜨지 못한 채 밤을 보내야 했어.

임금도 굶고 간 동파역, 그곳에는 지금 해마루촌이라는 마을이 들

어서 있어. 군사 지역이던 이곳에 마을이 생긴 것은 2001년, 그러니까 한국전쟁을 치르고 나서 50년이 흐른 뒤의 일이야. 그동안은 아무도 살지 않던 통제 구역이었어. 지금도 군부대의 허가 없이는 이 마을에 갈 수 없어.

이곳에는 어떤 사람들이 살고 있을까? 오늘은 임진강 건너 민간인 통제 구역에 있는 마을, 민통선 마을을 다녀올 거야.

해마루촌에는 전쟁 전 이 지역이 고향이었던 사람들이 살고 있어. 전쟁이 한창이던 1951년에 고향을 떠났다가 2001년에 다시 왔으니 50년 만에 고향을 찾은 셈이지. 그런 분들이 살기 때문에 주민들은 대체로 연세가 많은 편이야.

마을을 만들 때 가장 문제 된 것이 뭔지 아니? 밟으면 터지는 위험한 물체, 바로 지뢰야. 곳곳에 지뢰가 묻혀 있어서 애를 먹었지. 미확인 지뢰 지대라는 곳도 있어. 지뢰가 있는지 없는지 모른다는 뜻이야. 그러니 어디 마음 놓고 다닐 수 있었겠어? 이 위험한 지뢰를 하나하나 제거하고 들어선 마을이 해마루촌이야. 지뢰밭에 피어난 한 송이 꽃과 같은 마을이지.

마을에는 60가구가 모여 살아. 어느 집에도 담장은 없어. 아무 집 정원에나 들어가 볼 수 있지. 도둑이 들면 어떡하냐고? 도둑이 어떻게 이 마을에 들어오겠니. 곳곳을 군인들이 지키고 있는데 말야. 휴전선이 가까워서 위험하다고 하지만, 전쟁만 일어나지 않으면 여기보

해마루촌

다 안전한 마을은 없을 거야.

파주 민통선에는 해마루촌 말고 두 군데 마을이 더 있어. 통일촌과 대성동이 그곳이야. 같은 민통선 마을이지만 만들어진 역사가 달라서 모습도 조금씩 차이가 있어.

통일촌은 1973년에 생겼어. 그러니까 해마루촌보다 30년쯤 일찍 생겼지. 입주 당시 군인 가구 40가구와 실향민 40가구, 모두 80가구로 만들어졌어. 그때는 남북한 사이에 교류도 없고 지금보다 훨씬 위험한 시절이었기 때문에 생활하기가 쉽진 않았어. "일하면서 싸우고 싸우면서 일한다."는 마을 구호를 보면 그때 얼마나 힘들었을지 짐작이 가지 않니? 지금은 통일 관광지와 장단콩 마을로 알려져서 많은 관광

1. 통일촌 마을
2. 통일촌 마을박물관과 부녀회 식당
3. 장산에서 바라본 남북한 국기대

객들이 다녀가고 있어. 친구들도 전망대나 땅굴을 관광하면서 한번쯤 다녀갔을지도 몰라.

 통일촌은 민통선 마을답게 우리나라가 남과 북으로 갈라져 있는 현실을 한눈에 확인할 수 있는 마을이야. 통일촌 마을박물관 앞에서 멀리 북쪽을 보면 거대한 깃대 두 개가 서 있고, 거기에 태극기와 인공기가 나란히 걸린 모습을 볼 수 있어. 깃대 높이가 태극기는 100미터, 북한 인공기는 160미터나 된다고 해. 얼마나 높은지 그 깃대만 눕혀 놓아도 서로 닿을 것 같은 느낌이 들어. 남북한 사이의 거리가 깃대가 닿을 만큼 가깝다는 뜻도 되지. 이렇게 가까이 마주 보고 있으면서 손 내밀 생각은 않고 서로 높아지려고만 하는게 과연 옳은 일일까 생각하게 돼.

 커다란 깃발이 걸려 있는 곳은 북한의 기정동과 남한의 대성동 마을이야. 대성동은 통일촌이나 해마루촌과는 또 달라. 민통선이 아니라 비무장 지대 안쪽에 있거든.

 하나만 물어볼게. 남북한

대성동 마을

쓰러진 군사 분계선 푯말을 바로 세우는 국군 (1972년)

을 가르는 휴전선에는 철조망이 있을까, 없을까? 음, 휴전선에는 철조망이 없어. 그럼 군인들이 날카로운 눈빛으로 지키고 서 있는 철조망은 뭐지? 그래, 그건 비무장 지대 철조망이야. 휴전선에서 남쪽으로 2킬로미터, 북쪽으로 2킬로미터 지점에 있는 비무장 지대 철조망. 정작 휴전선에는 200미터마다 경계 푯말만 꽂혀 있을 뿐이야. 다른 표시는 없어. 그나마 푯말도 설치된 지 몇십 년이 지나서 훼손된 것이 많다고 해.

　이게 무슨 뜻인지 아니? 비무장 지대 안쪽에 있는 대성동 마을에서

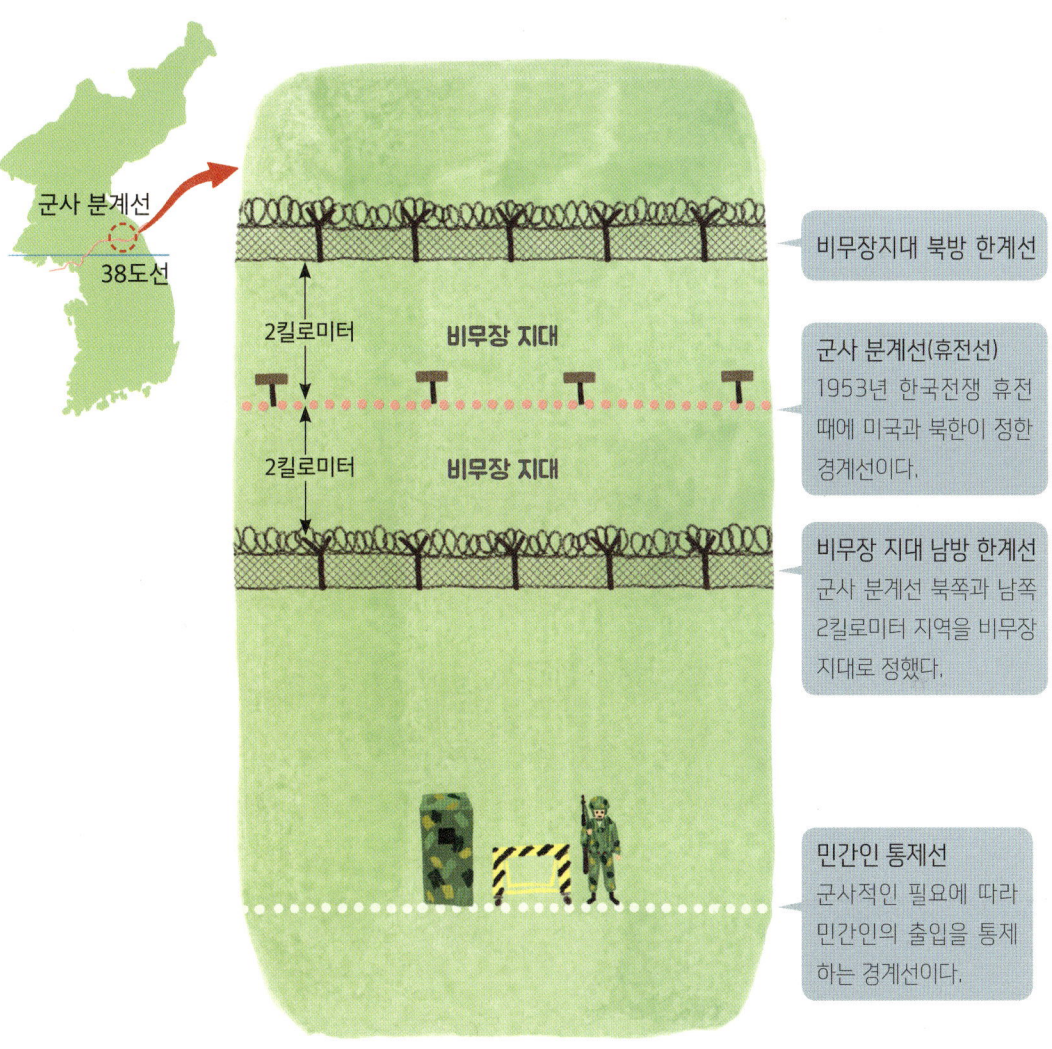

군사 분계선과 그 주변의 경계선들

는 북한으로 가는 데 아무런 장애물도 없다는 뜻이야. 경계 표시가 없기 때문에 실수로 넘어갈 수도 있다는 거지. 실제로 할머니 한 분이 도토리를 줍다가 북한으로 넘어간 일이 있어. 어떤 가지는 남쪽으로,

또 어떤 가지는 북쪽으로 뻗고 있는 도토리나무가 얼마든지 있을 수 있잖아. 할머니는 무사히 돌아왔지만, 이런 일이 생기면 안 되겠지.

그래서 대성동 마을 사람들은 군인들과 함께 생활해. 들에 일하러 갈 때도 함께 이동하고, 저녁에 집에 돌아왔는지도 군인들이 꼭 점검해. 이렇게 통제가 있는 만큼 혜택도 있어. 세금을 내지 않고, 남자들은 군대에 가지 않아. 대성동은 비무장 지대가 만든 아주 특별한 마을이지.

민통선 세 군데 마을을 다 돌아봤어. 왠지 낯설고 먼 나라 같니? 그러나 이곳은 두메산골도 아니고 멀지도 않아. 서울에서 겨우 한두 시

군내초등학교 운동회

간이면 닿는 마을이야. 여느 시골과 똑같이 주민들은 농사를 지으며 살아. 개성인삼과 장단콩, 임진강쌀이 이 지역 특산품으로 유명해. 초등학교에서는 친구들 또래의 아이들이 공부하고 뛰어놀아. 다른 점이 있다면 학생 수가 적기 때문에 6년 내내 같은 반으로 공부한다는 거지. 다른 점을 한 가지 더 들라면, 민통선을 지나다니며 군인들의 거수경례를 받을 수 있다는 것 정도일 거야.

남북으로 이어지는 길
임진각

민통선 마을을 나와 임진각에 왔어. 임진각은 분단의 상징 같은 곳이야. 여기에 오면 모든 것이 특별해져. 공연을 하면 평화 콘서트가 되고, 기도를 하면 평화의 기도가 되지. 달리기를 하면 통일 마라톤이 되고, 여행을 해도 통일 여행이 되는 곳이야. 오늘은 임진각이 어떤 의미가 담긴 곳인지 살펴보도록 하자.

임진각은 원래부터 식당이야. 중국 음식점 같은 곳 이름 뒤에 '각'자가 붙는 게 있잖아? '중화각'처럼 말이야. 마찬가지로 임진강 가에 있는 식당이어서 '임진각'이 된 거야.

임진각은 한국전쟁이 끝난 뒤 처음으로 남북 대화를 시작한 1972년에 생겼어. 생각해 봐. 길이 생겨서 임진강까지 왔는데 쉴 곳이 없다면 어떡하겠어? 그래서 고속도로 휴게소처럼 지은 것이 임진각이야. 길이 생기고 쉬어 갈 곳이 생기면서 고향이 이북인 분들이 찾아오기 시작했어. 특히 설날이나 추석 같은 명절이면 고향 가까운 곳에서 차례를 지내려는 실향민들이 모여들었지. 그래서 임진각은 점차 분단의 아픔을 생각하고 통일을 기원하는 장소로 변해서 오늘에 이르게 됐어. 하지만 임진각은 지금도 여전히 음식점이야.

  임진각 건물 전망대에 올라가면 주변 전체를 볼 수 있어. 건물 뒤쪽에는 각종 전쟁 기념비와 전쟁 때 쓰던 무기들을 전시하고 있어. 그 밖에도 나라 사랑을 강조하는 각종 기념물이 가득해. 미국 대통령 동상이 있고 황진이 시비가 있는가 하면 파주스타 광장이라는 곳도 있어. 그때그때 필요에 따라 다양한 것이 들어섰고, 지금도 계속 들어서고 있어. 임진각에 어울릴 만한 시설이 뭘까 한번 생각해 봐. 친구들이 추천한 시설이 들어올지도 모르니까.

임진각

또한 전망대에서는 임진각으로 오는 자유로와 통일로, 경의선 임진 강역이 보여. 친구들도 세 길 가운데 하나를 통해 임진각에 왔을 거야. 어쩌면 임진각의 의미는 이 길에 있는지도 몰라. 남북한 관계가 변할 때마다 길이 하나씩 생겼거든.

1972년에 남한과 북한은 7·4 공동 성명이라는 것을 발표했어. 한국전쟁 이후 남북한이 서명한 최초의 합의문이야. 통일로는 바로 이 성명을 발표할 때 생겼어. 남북한이 만나자니 길이 필요했던 거지. 자유로는 1992년에 만들었어. '남북 기본 합의서'라는 것을 작성한 때야. 남북 교류의 물꼬를 튼 중요한 합의와 함께 만든 길이지. 경의선은 오래전에 건설된 철도이지만 임진강역이 문을 연 것은 최근이야. 남북한 정상이 서명한 6·15 공동 선언에 따른 것이었지. 이처럼 남

북 합의가 있을 때마다 임진각에는 길이 하나씩 생긴 셈이야. 우리는 그런 역사적인 길 가운데 하나를 거쳐서 임진각에 왔고.

방향을 돌려 북쪽을 볼까? 임진강이 보일 거야. 강을 가로질러 경의선 철교가 놓여 있어. 망배단과 망향의 노래비가 가장 가깝게 보이지. 오른쪽으로 눈을 돌리면 평화의 종이라는 큰 종이 있는데, 직접 쳐 볼 수도 있어. 철교와 이어진 자유의 다리도 보여. 한국전쟁 때 포로가 됐던 군인들이 건너온 다리야. 남북 양쪽은 정전 협정에 따라 포로들을 돌려보내기로 했어. 그런데 다리가 파괴돼서 임진강을 건널 수 없으니까 급하게 놓은 다리가 자유의 다리야. 국군 포로들이 돌아오면서 자유를 외쳤다고 해서 '자유의 다리'라고 부르게 되었대.

그 옆을 볼까? 녹슨 증기 기관차가 전시돼 있어. 전쟁으로 고통받은 것은 사람만이 아니었나 봐. 기관차에는 엄청나게 많은 총탄 자국이 나 있어. 1020개나 된대. 기관차는 본래 비무장 지대에 위치한 장단역에 있던 거야. 50년 넘도록 녹슨 채 버려져 있던 것을 보존 처리한 뒤 전시하는 거란다.

뽕나무도 한 그루 심어져 있어. 기관차의 화통에서 자라던 것을 함께 옮겨 온 거라 해. 그런데 1020개 총탄도 뽕나무 어린 싹을 꺾지는 못했나 봐. 기관차가 녹슬어 가는 시간에도 뽕나무는 싹을 틔워 자랐잖아. 쇠보다 강한 것이 새싹이라는 생각이 들어. 전쟁터에서 피어난 생명을 보고 느꼈을 감동을 생각하면 기관차와 함께 어린 나무를 옮

1. 임진각에서 바라본 임진강
2. 장단역 증기 기관차
3. 망배단

겨 온 사람들 마음을 알 것 같아.

 기관차는 임진강 건너 북쪽을 바라보고 있어. 다릿기둥만 남은 끊어진 옛 철길을 향해서 말이야. 수없이 건너다녔을 임진강에 발이 묶인 채 기관차는 관광객들을 맞이하고 있어. 그렇지만 기관차는 구경하려고 만드는 물건이 아니잖아? "철마는 달리고 싶다."는 표어는 통일을 향한 간절한 바람을 담고 있지.

 그런데 기차를 타고 북한을 거쳐 유라시아 대륙을 횡단하는 여행을 상상해 볼까. 어떤 여행일지 잘 모르겠다고?

 우리는 외국에 나갈 때 주로 비행기나 배를 타고 가지. 하지만 이상하지 않아? 이웃 나라에 갈 때 비행기나 배만 이용하는 나라는 섬나라뿐이거든. 우리나라는 섬나라가 아닌데 왜 기차나 자동차는 떠올리지 못하는 걸까? 그 이유는 대륙으로 통하는 북쪽이 막혀 있기 때문이야. 분단으로 우리가 잃은 가장 큰 것은 대륙을 달리는 꿈인지도

임진강역에 있는 「휴전선」 시비

몰라. 대륙을 누비는 기상은 역사책에나 있을 뿐이지. 그러니 통일을 바라는 소망뿐 아니라 우리 꿈과 상상력마저 기관차와 함께 여기에 묶여 있는 셈이야.

끊어진 철길이 이어져 대륙으로 달려가고 싶은 소망은 이룰 수 없는 꿈에 지나지 않는 걸까? 경의선 열차를 타고 도라산역에 닿으면 이런 표어가 있어. "이곳은 남쪽의 마지막 역이 아니라 북으로 가는 첫 번째 역입니다." 그래, 막다른 골목으로 여겼던 임진강은 이제 북으로 나아가는 건널목이 되었어. 세 갈래에서 모여든 길이 북으로 뻗어 나가는 곳 말이야.

그렇지만 아쉽게도 오늘은 임진각에서 돌아서야 해. 도라산역에서는 서울역으로 돌아가는 열차표만 살 수 있을 뿐, 아직 평양으로 가는 열차표를 팔지 않아. 남북으로 길이 활짝 열리려면 임진각에 길이 하나 더 생겨야 할 모양이야.

생명의 강 임진강

반구정과 장단벌

흐름을 알 수 없는 강물, 햇살에 반짝이는 갯벌, 갯벌 너머로 펼쳐진 초원, 그 속에 묻힌 고요한 정자. 오늘은 강가에 있는 정자를 찾아왔어. 몇백 년 동안 변하지 않은 풍경이 여기에 있어. 황희 정승이 재상 자리에서 물러나 노년을 보냈다는 반구정이야. 세종과 함께 조선의 찬란한 문화를 가꾼 황희 정승은 청렴하고 검소한 분으로 유명해.

반구정은 '갈매기와 벗하는 정자'라는 뜻이야.

썰물이 물러가고 갯벌이 드러날 때마다 갈매기들이 모여든다. 강가의 잡초 우거진 벌판은 모래밭으로 꽉 찼다. 9월이 오면 기러기가 찾아든다.

400년 전 미수 허목이 본 반구정이야. 썰물이 물러간 갯벌, 잡초 무

성한 벌판, 그리고 기러기. 무엇 하나 다르지 않은 지금 그대로의 풍경이야. 온 나라 산과 강이 경제 개발을 구실로 망가지고 파헤쳐지는 와중에도 임진강은 꿋꿋이 자연을 간직하고 있어. 군사 지역이 많아서 함부로 개발할 수 없었기 때문이야. 민족의 비극인 분단이 그나마 안겨 준 선물이 있다면 아마 비무장 지대의 자연일 거야. 철망은 임진강을 갈라놓았지만 자연은 지켜 준 셈이지.

반구정에서는 정자 건너편 장단벌까지 찾아볼까 해. 임진강의 자연이 어떤 모습을 하고 있는지 잘 보여 주는 곳이거든. 겨울이면 더 좋겠어. 푸르른 자연도 좋지만, 식물이 잠자는 겨울은 낱낱의 생명들을 더욱 선명하게 보여 주기 때문이야.

북쪽의 임진강은 겨울이면 꽁꽁 얼어붙는 날이 많아. 그렇지만 얼어붙은 채로 가만히 있지는 않아. 이곳은 강 하류이기 때문에 바다 밀물이 들어오면 그 힘에 얼음이 조각조각 부서지지. 와지끈와지끈, 투웅투웅, 얼음 갈라지는 소리가 정말 대단해.

군인의 검문을 받고 철망이 둘러쳐진 강가로 나왔어. 깨진 얼음덩어리가 둥둥 떠다니고 있어. 얼음덩어리 사이로 자맥질하는 비오리들이 보여. 논에는 기러기들이 잔뜩 앉아 있네. 가을걷이할 때 떨어진 낟알을 열심히 주워 먹고 있어. 와! 재두루미야. 세 마리나 네 마리, 가족끼리 모여서 모이를 먹고 있어. 혹시 고개를 쳐드는 놈이 있니? 그렇다면 차를 멈추거나 소리를 내지 않도록 하자. 재두루미는 경계

장단반도 독수리

민통선 재두루미

심이 많아서 겁을 먹고 날아가 버릴지도 모르거든. 중국과 러시아 동쪽 국경 지대에 살다가 먹이를 찾아 내려온 새들이야. 먹이 활동을 방해하면 굶주려 쓰러질지도 몰라. 두루미는 세계적으로 몇천 마리밖에 남지 않은 귀한 새야. 그만큼 한 마리 한 마리가 소중하다고 할 수 있어.

저기 좀 봐. 철조망 너머에서 경중경중 뛰는 놈이 보여. 한둘이 아니야. 저희끼리 장난도 치고, 한가로이 풀을 뜯기도 해. 고라니야. 어디서나 쉽게 볼 수 있는 짐승이지만 장단벌은 고라니 목장이라고 해도 될 만큼 수가 많아. 사람은 본 체 만 체 저희끼리 어울리고 있어. 철망 때문에 사람들이 가까이 오지 못한다는 것을 아는 거지.

이제 목적지에 가까이 왔어. 하늘 가득 날고 있는 새들이 보이지? 바로 독수리야. 장단반도의 들판인 장단벌은 독수리들이 겨울을 나는 곳이란다. 먹이를 찾아 남쪽으로 온 독수리 수백 마리가 여기에 내려앉는데, 자연적인 현상은 아니야. 겨울 동안 여기에 먹이를 주기 때문에 오는 거지. 독수리는 사냥을 못해서 죽은 짐승만 찾아다녀. 그런데 우리나라에는 독수리들이 맘껏 하늘을 날면서 죽은 짐승을 찾을 만한 곳이 거의 남아 있지 않아. 안전한 비무장 지대로 모여들었지만 여기에서도 먹이 찾기가 쉽지는 않았어. 그래서 사람들이 먹이를 주기 시작한 뒤로 독수리들이 더 많이 모여들게 됐지.

어때, 자연의 보물 창고라는 말이 딱 어울리지? 여름이라고 다르지 않아. 장단벌은 논농사를 주로 짓는 평야야. 백로가 미꾸라지를 잡고, 뜸부기가 알을 낳아. 벼 포기를 붙잡고 짝을 찾는 청개구리도 있어. 숨어 다니기 때문에 쉽게 눈에 띄지 않을 뿐, 400년 전 미수 허목이 본 것보다 더 풍요로운 자연이 오늘의 반구정을 둘러싸고 있어.

하지만 앞으로도 계속 그럴지는 알 수 없어. 임진강을 준설해야 한다는 주장이 나왔거든. '준설'이란 홍수를 예방한다는 명분으로 강바닥과 주변을 파서 깊고 넓게 만드는 거야. 그 주장이 일부의 요구가 아니라 정부 기관의 생각이라면 내일 당장 임진강이 파헤쳐질지도 모르는 일이야. 임진강 갯벌이 사라지고 그 흙이 장단벌에 쌓이면, 독수리도 두루미도 고라니도 볼 수 없게 될 거야. 갈매기와 벗하는 반구정도 옛일이 되겠지. 그런데 분단이 남긴 상처 속에서 유일하게 남은 희망을 아무렇게나 묻어 버려도 괜찮은 걸까?

반구정과 같은 뜻의 정자가 한강에도 있었대. 서울에 있는 압구정이야. 압구정도 갈매기와 벗하는 정자라는 뜻이라고 해. 정자는 사라진 지 오래됐지만 이름은 남아서 압구정동이 되었지. 사람들은 소박한 반구정과 화려한 압구정 중에서 어디를 더 좋아할까? 아마 많은 사람들이 압구정에 살면서 가끔 반구정에 놀러 가는 것이 좋겠다고 생각할 거야. 도시에 살면서 이따금 자연을 찾아 여행하는 게 최고일 수도 있어. 그런데 말야, 반구정 사람들도 그렇게 되기를 바라지 않을까? 반구정도 어떻게든 개발해서 압구정처럼 값비싼 땅을 만들어야 한다고 생각하겠지. 그럼 그때는 어디로 가서 자연을 찾을까?

반구정은 언제까지나 자연 그대로 남았으면 좋겠어. 높은 자리에 있으면서 재산도 모으지 못했다고 황희 정승을 욕하는 사람은 없을 거야. 성공만 추구하는 세상에서 검소했던 황희 정승의 삶이 교훈이 되듯, 반구정은 마음의 위안이 되는 자연속에 남아 있으면 좋겠어. 황희 정승 같은 청렴한 공직자가 많아지기를 바라는 것처럼 임진강의 자연도 한반도 여기저기로 두루 퍼져 나갔으면 좋겠어. 우리나라 어디에서든 독수리와 두루미를 볼 수 있도록 말이야. 사실 철망 안에서 보호되는 자연이란 동물원이나 마찬가지 아닐까? 철망이 없어도 지켜지는 자연이라야 온전한 자연일 거야.

강물처럼 어울리는
남과 북
오두산통일전망대

오두산통일전망대에 올라 강과 강이 만나는 장면을 보고 있어. 걸어서 만나는 임진강 마지막 여행이야. 임진강과 한강이 만나는 이곳을 '교하'라고 해. 두 물줄기가 만나는 곳을 '두물머리'라고도 하고 '아우라지'라고도 하지. 교하는 우리나라에서 가장 큰 두물머리, 가장 넓은 아우라지야. 한반도에서 네 번째로 긴 한강과 일곱 번째로 긴 임진강이 만나는 곳이니 당연하지. 여기부터 이어지는 물줄기는 바다라고 해도 될 만큼 드넓게 펼쳐지는데, 실제로 바닷물이 드나드는 곳이야.

드넓은 교하는 바닷물만 드나들 수 있을 뿐 아무도 들어갈 수 없어. 물길 자체가 남과 북을 가르는 경계선이기 때문이야. 북한에서 샘솟은 임진강은 남쪽으로 흘러내리다 잠시 휴전선이 돼. 비무장 지대를 거쳐 남쪽으로 내려오지만, 어디부턴가 민간인이 들어갈 수 없는 통

제 구역이 되어 버려. 그러고는 교하에 이르러 다시 남북의 경계가 되지. 임진강은 이렇게 두 번이나 휴전선을 만나.

  첫 번째 여행을 떠올려 볼까. 태풍전망대라는 곳에서 우리는 북녘 땅을 바라봤어. 그리고 오늘 오두산통일전망대에 올라와 다시 북녘을 바라보고 있어. 전망대에서 시작해 전망대에서 끝나는 여행이라니! 꽤 여러 곳을 거쳐 왔는데, 다람쥐 쳇바퀴만 돌았다는 느낌이 들어. 강처럼 된다면야 문제가 없겠지. 서로 다른 곳을 흐르지만 바다에서 하나로 만나는 강처럼 남북한도 그렇게 되면 좋겠어. 그냥 하나가 아니라 교하처럼 가장 큰 물로 어울리면 좋겠어. 더 큰 물로 만나기 위해 오늘도 제각기 흐르는 것이라면 참을 만할 거야.

오두산통일전망대에서 바라본 북한 마을(림한리)

오두산통일전망대 주변은 한때 민간인 통제 구역이었어. 건너편 확성기 소리가 들리고 텔레비전에서 북한 방송이 나올 만큼 북한과 가까운 곳이니 그럴 만도 했지. 남북이 서로 알게 되는 것을 두려워하던 때야.

전망대에서 바라보는 풍경은 평화롭기 그지없어. 우선 바다처럼 드넓은 강, 야트막하게 이어지는 산줄기가 눈에 들어와. 풍경을 따라가다 보면 강과 산은 우리 시야를 벗어나 서해 쪽으로 잦아들어.

눈길을 강 건너편으로 돌려 볼까. 강가에 집들이 모여 있어. 들판에서는 짚을 태우는 연기가 피어올라. 망원경으로 보면 사람도 보일 거야. 자전거 타는 사람, 수레 끄는 사람, 마을 어귀에 마주 서서 이야기 나누는 사람……. 북한 마을 풍경이야. 전망대는 우리에게 만날 수 없는 북녘을 보여 줘. 저 사람들도 우리를 보겠지. 그러나 바라보기만 할 뿐이야. 강으로 들어갈 수는 없거든.

그렇다고 아무도 건너지 못한 강은 아니야. 저 강을 맨몸으로 건넜던 청년이 있었단다.

물이 되어 가자. 떨어지는 빗방울은 거침없이 남북을 흐르지 않는가. 빗방울을 따라가자. 이 장벽에 작은 구멍 하나 남길 수 있다면 죽어도 좋다.

1955년, 스물다섯 살 청년이 임진강에 몸을 실었어. 고무 튜브 하나에 몸을 맡긴 채 북녘을 향해 헤엄쳤지. 건너편까지는 아직 멀었는데 하얀 물줄기가 바다에서 밀려왔어. 강물과 바닷물이 부딪치며 물살이 거세어졌어. 몸이 육지에서 멀어지며 서해로, 서해로 흘러갔어. 몇 번을 곤두박질치고서야 청년은 북쪽 강기슭에 닿을 수 있었어. 벌거숭이 몸에 지닌 것이라고는 직접 작성한 평화 통일 방안 한 장뿐이었어. 청년의 이름은 김낙중이야.

김낙중 청년이 임진강을 건너간 때는 전쟁이 휴전으로 마무리된 직후로, 무력 통일을 소리 높여 외치던 시절이었지. 청년은 왜 서로

자신이 건너갔던 강을 설명하는 김낙중 선생

총부리를 겨눠야 하는지 알 수 없었어. 남북한 어느 쪽도 서로를 알려고 하지 않았어. 사람들은 평화 통일을 외치는 청년을 미치광이로만 여겼지. 청년은 화해의 눈물을 간절히 바랐어. 그래서 선택한 방법이 자기가 만든 통일 방안을 북한에 전달하는 거였어.

 북한 당국은 목숨 걸고 넘어온 청년을 믿지 않았어. 남한의 간첩이라며 감옥에 가둬 버렸지. 우여곡절 끝에 남한으로 돌아온 청년은 이번에는 북한의 간첩이라고 처벌을 받아. 북한이 그냥 돌려보냈을 리 없다는 거였어. 이처럼 임진강을 건너갔을 때 청년은 남한의 간첩이 되고, 돌아와서는 북한의 간첩이 되어 버렸지. 간첩이 아니라면 이 강을 건널 수 없다고 믿던 때였으니까. 임진강은 그런 강이야. 그러나 김낙중 청년이 건너기 몇 년 전까지만 해도 여느 강과 똑같이 나룻배가 오가던 평범한 강이었어.

 임진강은 우리나라에서 유일하게 하구에 댐이 없이 바다로 열린 강이야. 강에 펼쳐진 갯벌은 세계적으로도 보기 드물다고 해. 사실 이곳은 바다와 자연을 향해서만 열린 강이 아니야. 정전 협정에 따르면

한강과 만나는 하구는 민간 선박이 항해할 수 있는 중립 지역으로, 휴전선과는 달라. 상대편 육지에 배를 대지 않는다면 강 어디를 항해해도 상관없다고 돼 있어. 사람들에게도 열려 있는 강이라는 뜻이지. 이 협정을 근거로 남북한의 경계인 한강 하구에 평화의 배를 띄우려는 운동이 벌어지기도 했어. 아직은 이런저런 이유로 배가 뜨지 못했지만, 통일이 되기 전 자유롭게 항해하는 배라도 보게 될지 몰라. 그때는 북쪽에서도 배를 띄워 나오겠지.

우리도 전망대에서 바라보기만 할 필요는 없어. 참았던 어부들이 나올 거야. 갈매기들이 함께 어울리겠지. 고랑포 상선도 뜰 거야. 연평도 바다 배도 들어오겠지. 육지 소식 바다 소식 전하며 인사할 거야. 남한 사람 북한 사람을 구분할 수도 없겠지. 강물이 섞이듯 사람

들도 어우러질 테니까. 잠두봉 밑에 가라앉았던 고려의 돌배가 떠오를지도 모르겠네. 새로운 '코리아'를 보겠다고 말야.

　시인 같은 상상력이 없으면 열려 있는 강도 마음속에서는 언제까지나 꽉 막힌 강일 뿐이야. 우리의 상상력이 풀려나는 날 임진강도 분단의 강에서 통일의 강으로 열릴 거야. 철망을 헤집고 여기까지 온 이유가 바로 그거란다.

　여행은 교하에서 끝이야. 하지만 다시 만나야 할 거야. 우리 여행은 미완성이니까. 북녘 임진강을 봐야 하잖아! 그때는 북쪽 친구들도 함께하면 좋겠어. 우리는 북쪽 임진강을 보고, 그 친구들은 남쪽 임진강을 보는 거야. 그때 다시 만나자. 안녕!

징검다리 역사책 11
걸어서 만나는 임진강

2016년 6월 28일 1판 1쇄
2017년 11월 17일 1판 2쇄

지은이 : 이재석
그린이 : 문종훈

편집 : 강변구
디자인 : 자자주
마케팅 : 이병규·이민정·최다은
제작 : 박흥기
인쇄 : 코리아피앤피
제책 : 정문바인텍

펴낸이 : 강맑실 | 펴낸곳 : (주)사계절출판사 | 등록 : 제406-2003-034호
주소 : (우)10881 경기도 파주시 회동길 252
전화 : 031) 955-8588, 8558
전송 : 마케팅부 031) 955-8595 편집부 031) 955-8586
홈페이지 : www.sakyejul.co.kr | 전자우편 : skj@sakyejul.co.kr
블로그 : skjmail.blog.me | 트위터 : twitter.com/sakyejul | 페이스북 : facebook.com/sakyejul

© 이재석, 문종훈 2016

값은 뒤표지에 적혀 있습니다. 잘못 만든 책은 구입하신 서점에서 바꾸어 드립니다.
사계절출판사는 성장의 의미를 생각합니다. 사계절출판사는 독자 여러분의 의견에 늘 귀 기울이고 있습니다.
이 책은 저작권법에 따라 보호받는 저작물이므로 무단전재와 무단복제를 금합니다.

ISBN 978-89-5828-994-4 74910
ISBN 978-89-5828-647-9 (세트)

이 도서의 국립중앙도서관 출판예정도서목록(CIP)은 서지정보유통지원시스템 홈페이지(http://seoji.nl.go.kr)와 국가
자료공동목록시스템(http://www.nl.go.kr/kolisnet)에서 이용하실 수 있습니다.(CIP제어번호: CIP2016014693)